Kerstin Hack

Gebet
schlicht + ergreifend

W0098381

Dieses Buch gehört:

....

Down to Earth

Kerstin Hack: Gebet. schlicht + ergreifend
2. Auflage März 2015

© 2011 Down to Earth · Laubacher Str. 16 II · 14197 Berlin

ISBN: 978-3-935992-94-7
Bestell-Nr. 304203

Gestaltung und Satz: www.michaelzimmermann.com
Druck: Tien Wah Press (Pte) Ltd, Malaysia

Wenn nicht anders angegeben, entstammen Bibelzitate folgender Übersetzung: Lutherbibel, revidierter Text 1984, durchgesehene Ausgabe in neuer Rechtschreibung, © 1999 Deutsche Bibelgesellschaft, Stuttgart. Weiter wurden folgende Übersetzungen verwendet:
Bibeltext der Neuen Genfer Übersetzung. Copyright © 2009 Genfer Bibelgesellschaft, CH-1204 Genf. Wiedergegeben mit der freundlichen Genehmigung. Alle Rechte vorbehalten (NGÜ).
Neues Leben. Die Bibel, © 2002 und 2006 SCM R.Brockhaus im SCM-Verlag GmbH & Co. KG, Witten (NLB).
Hoffnung für alle® (Brunnen Verlag Basel und Gießen), Copyright © 1983, 1996, 2002 by International Bible Society®. Verwendet mit freundlicher Genehmigung des Verlags (HFA).

Bibliografische Informationen der Deutschen Nationalbibliothek sind im Internet unter http://dnb.d-nb.de abrufbar.

Auch als E-Book bei den üblichen Anbietern und auf www.down-to-earth.de/e-book erhältlich.
ISBN E-Book: 978-3-86270-313-5

Mehr Inspiration und weitere schlicht + ergreifend-Titel:
www.down-to-earth.de

Inhalt

Inhalt

Einleitung
Gebet als Abenteuer – unterwegs mit Gott

Gott ist bereit, uns alles zu geben,
wenn wir es nötig haben. —Hudson Taylor

■ Mitten im Schreiben dieses Buches erhielt ich die Nachricht: »Ihr bisheriges Lager für Bücher kann nicht weiter genutzt werden.« Für mich war das ein echtes Problem. Dort lagerten etwa fünf Tonnen Bücher. Ich wusste nicht, wo ich sie sonst unterbringen konnte. Einen Lagerplatz woanders anzumieten, wäre teuer und unpraktisch gewesen.

Was tun? Da ich einige Wochen Zeit zum Ausräumen hatte, betete ich jeden Morgen um Lösungen. Ich bat um praktische Alternativen, um die Bücher unterzubringen, sowie schnellen Abverkauf. Denn natürlich ist es am schönsten, wenn die Bücher bei den Menschen sind.

Die folgenden Wochen erlebte ich als Abenteuer. Fast täglich passierte etwas, das beim Leeren des Lagers half: Einige Menschen bestellten größere Mengen Bücher. Eine Familie war glücklich über das Kinderbett meiner Nichte. Eine Bekannte, die ich zufällig traf, konnte mein altes Faxgerät gut gebrauchen – ihres war kaputtgegangen. Ein Freund hatte gerade freie Zeit und baute mir passgenaue Regale bis unter die Decke meines Büroflurs, in die ich Hunderte von Büchern packen konnte.

Einleitung

Ich will nicht behaupten, dass jede einzelne Begebenheit auf ein direktes Eingreifen Gottes zurückzuführen ist. Und beweisen kann ich es schon gar nicht. Doch es zeigt, was Gebet für mich bedeutet: Ich bin mit meinem Gott im Gespräch über das, was mich bewegt. Ich glaube, dass er mir zuhört und dass er handelt. Gerne. Besonders im Urlaub genieße ich es, neue Orte zu erkunden, neue Wege auszuprobieren und Neues zu entdecken. Gebet ist für mich auch eine Einladung an Gott, diese Wege mit mir zu gehen: »Herr, hier stehe ich vor einer neuen Herausforderung. Magst du mich dabei begleiten? Hast du eine Idee, wie ich das gut meistern kann?«

Gebet heißt für mich, ihn zu bitten, mir beizustehen. Es heißt aber auch, sensibel zu sein für das, was er mir womöglich zeigen will.

Gebet ist ein Abenteuer. Unterwegs im Leben lerne ich mich selbst und meinen Gott immer besser kennen. Ich entdecke ihn, sein Wort und sein Wesen. Komme ins Staunen und Jubeln oder bete ihn einfach nur still an. Voll Dankbarkeit, dass er mit mir geht.

Allen Lesern wünsche ich viel Freude bei diesem Abenteuer

—*Kerstin Hack*

Gebet – warum überhaupt?

Inspiration und Motivation

Motivation
Was uns zum Beten bewegt

Je mehr wir im stillen Gebet empfangen, umso mehr können wir geben, wenn wir aktiv werden. —Mutter Teresa

■ Ja, ich gebe es unumwunden zu. Ich möchte zum Beten motivieren. Dich, mich selbst und andere Menschen. Keine Sorge, ich werde das nicht mit der Moralkeule tun. Du wirst von mir in der Regel auch keine Sätze hören, die mit den Worten beginnen: »Du solltest ...«

Motivation setzt sich aus drei Elementen zusammen.

Den Sinn erkennen

Man ist nur dann bereit, etwas zu tun, wenn man einen Sinn darin erkannt hat. Zum Beten wird man wohl kaum motiviert sein, wenn man keinen Nutzen darin sieht. Wenn man denkt, man würde lediglich ein paar Schallwellen an die Decke senden.

Es kann sehr motivieren, wenn man ahnt: Im Gebet begegne ich Gott. Ich bin eingeladen zu einer Audienz mit dem Allerhöchsten. Mit dem, der nicht nur allmächtig ist, sondern der sich obendrein auch noch sehr freut, mich zu sehen und mir zu begegnen. Auch wer Gebet als Chance sieht, das eigene Leben oder etwas in der Welt zu verändern, ist motiviert, das Gespräch mit Gott zu suchen.

Motivation

Das Können

Nur dann, wenn man weiß, dass die eigenen Fähigkeiten genügen, etwas Bestimmtes zu tun, ist man motiviert, es zu wagen. Ich bin z.B. nicht motiviert, Wakeboard zu fahren. Die ersten zwanzig Versuche, die ich gemacht habe, sind kläglich gescheitert. Für diesen Sport fehlt mir offensichtlich die nötige Mischung aus Kraft und Beweglichkeit. Oder es hat mir niemand gezeigt, wie ich es so mache, dass es gelingt. Keinem macht es Spaß, etwas zu tun, was er nicht kann. Das betrifft auch das Gebet.

Der Rahmen

Nicht zuletzt tragen auch die Rahmenbedingungen zur Motivation bei. In hässlichen, zugigen Räumen auf unbequemen Stühlen beten die meisten Menschen nicht so gern wie in einer hellen, freundlichen Umgebung. Und: Was für den einen passt, muss für den anderen noch lange nicht stimmig sein. Der eine liebt vielleicht eine asketisch schlichte Umgebung, während der andere von bunten Bildern inspiriert wird. Der eine wird von vielen Betern abgeschreckt, der andere blüht in der Gemeinschaft mit anderen Christen regelrecht auf.

Deine Motivation zu beten wird wachsen, wenn du den Sinn darin mehr und mehr erkennst. Und wenn du entdeckst: »Das geht ja doch«, und erlebst, dass du so beten kannst, wie es dir entspricht. ∎

Warum beten?
Ein paar gute Gründe

Wir leben vom Nehmen und Geben; unser Nehmen heißt
Beten und unser Geben heißt Liebe.
—Friedrich von Bodelschwingh

■ Gebet ist so ein Wunderding. Manchmal geschehen dadurch wunderbare Dinge. Zu anderen Zeiten wundert man sich, dass nichts passiert. Und dann wieder kann man nur über das Wunder staunen, dass man mit Gott reden kann. Über die Welt, Persönliches, Wichtiges und Unwichtiges, Alltägliches und Vertrauliches. Gebet ist ein Wunderding. Und etwas Natürliches. Viele kleine Kinder reden – ohne dass man es ihnen groß beigebracht hätte – einfach so mit Gott. Gebet ist für sie einfach und unkompliziert.
Aber auch viele Erwachsene haben schon einmal in einer schwierigen Situation zu Gott geschrien. Selbst viele Atheisten beten, wenn sie auf einer nassen Straße voller Herbstlaub die Kontrolle über ihr Auto verlieren. Spontan entfährt es ihnen: »O Gott, hilf mir!« Das ist nicht immer Ausdruck eines großen Glaubens, aber auf jeden Fall ein Hilfeschrei, der sich an den Einzigen richtet, der noch helfen kann. Andere beten, wenn ein Familienmitglied in Lebensgefahr schwebt und Ärzte die Lage als aussichtslos beschreiben. Ganz natürlich bittet man dann: »Gott, lass ein Wunder geschehen!«

Warum beten?

Menschen beten nicht nur, wenn sie Not erleben. Es gibt auch das Gegenteil – das spontane Gebet der Dankbarkeit. Etwas Wunderbares ist passiert, ein Mensch wurde gesund, eine Prüfung ist bestanden, eine Beziehung ist gerettet. Spontan bricht es heraus: »O Gott, ich danke dir. Gott, ich bin ja so froh!«

So geschah es 1989 nach dem unerwarteten Mauerfall, als eine ganze Nation keine anderen Worte für das wunderbar Unbegreifliche fand als »Wahnsinn!« und »Großer Gott, wir loben dich«.

Extreme Momente, egal ob es sich um Krisen oder wunderbare Ereignisse handelt, machen uns bewusst, wie abhängig wir von Gottes Handeln sind. Ungezwungen und spontan drücken wir das in unseren Gebeten aus. Beten kann jeder!

Beten hilft uns nicht nur in extremen Notsituationen, sondern stärkt im Alltag unseren Glauben und unser Leben. Menschen, die beten, sind entspannter als andere, die denken, dass alles von ihnen abhängig ist. Wer betet, weiß – wie der Autor Jim Henderson es sagt – »Es gibt einen Gott – und ich bin es nicht.«

Der betende Mensch kann akzeptieren, dass er nicht alles kontrollieren und im Griff haben kann und muss. Er kann Dinge, die ihn beschäftigen, vertrauensvoll in Gottes Hand legen.

Dann hat er die eigenen Hände wieder frei, um zu handeln, zu trösten und zu lieben. Und etwas von Gottes Liebe in die Welt zu tragen. Ganz auf seine Weise. ∎

Beziehungspflege
Leben miteinander teilen

Gebet bedeutet nichts weiter,
als Gott Zugang zu uns zu gewähren. —Ole Hallesby

■ Gebet ist ein Beziehungsding. Da redet einer mit einem anderen. Er bezieht sich auf ihn. Und Gott bezieht sich auf uns. Er bringt durch Jesus zum Ausdruck: »Ich will dich kennen, will wissen, was du denkst und fühlst. Ich will deine Träume teilen und dir meine Träume sagen. Ich will Abenteuer mit dir erleben und gemeinsam mit dir Gutes bewirken! Ich will wissen, wer und wie du bist und was du magst und was nicht. Ich möchte, dass du mein Freund bist, und ich will dein Freund sein!«

Freunde beschenken sich – oft auch ohne einen besonderen Anlass. Über diese Geschenke freuen wir uns. Das Schönste an Freundschaften sind jedoch nicht die Geschenke, sondern das Leben, das man miteinander teilen kann.

Mit Freunden erlebt man frohe und weniger angenehme Momente. Man erzählt einander von Erlebnissen und Alltagsdingen. Man spricht miteinander über offene Fragen und feiert Erfolge. So lernt man sich besser kennen. Jedes Gespräch, jedes gemeinsame Erlebnis verbindet sie tiefer miteinander und stärkt die Freundschaft. Jeder geteilte Moment bringt Freunde ein Stück näher.

Beziehungspflege

Es motiviert zum Gebet, wenn man es in erster Linie als Chance sieht, die Beziehung zu einem lebendigen Gegenüber – Gott selbst – zu pflegen. Um Hilfe und um ganz praktische Dinge zu bitten gehört natürlich auch in die Freundschaft mit Gott. Doch wer Gebet auf das Bitten und die Erfüllung von Wünschen reduziert, verpasst das Wesentliche: den persönlichen Charakter des Gebets.

Das Wichtigste an der Beziehung zu Gott ist nicht, was er für uns tut, sondern dass er Verbindung mit uns möchte. Er will mit uns kommunizieren und Freundschaft pflegen. Er liebt es, Anteil an unserem Leben zu nehmen. Gebet ist ein Weg, wie wir Freundschaft mit dem Schöpfer der Welt pflegen können.

Gebete können gesprochen, geschrieben, gesungen oder getanzt werden. Das kannst du z. B. in 2. Mose 15 nachlesen. Es ist unwesentlich, in welcher Form du mit Gott kommunizierst. Hauptsache, du tust es.

Dort, wo Kommunikation und Verbindung gelingen, erleben wir wieder, wie Gott sich unser Leben gedacht hat: in bereicherndem Austausch mit ihm. Ein Stück Paradies auf Erden.

Wie jede Beziehung lebt die Beziehung zwischen uns und Gott auch nicht nur aus der Routine, sondern auch von der Abwechslung. Es tut gut, bestimmte Gebetsformen und Rituale immer wieder zu zelebrieren. Das stärkt die Verbundenheit. Genauso wichtig ist es aber, ab und an aus dem Gewohnten auszubrechen und Neues zu wagen – auch das stärkt die Verbindung. ■

Gebet als Reise
Neues wagen

Orte
Du kannst dir neue Orte suchen und an Stellen beten, an denen du es bisher nicht getan hast. In diesem Buch findest du viele Anregungen.

Ausdrucksformen
Du kannst neue Formen finden. Die müssen nicht selbst erfunden sein. Man kann durchaus auf Traditionen und Ideen anderer zurückgreifen. Wichtig ist lediglich, die Beziehung zu Gott zu beleben, indem du anders zu ihm sprichst, als du es üblicherweise tust.

Mit anderen beten
Auch Gebet mit anderen kann eine spannende Erfahrung sein. Deshalb findest du hier Anregungen für das Gebet in Gruppen. Sie sind folgendermaßen gekennzeichnet: (**G**)

Wenn man sich für ein Experiment entschließt und z. B. an einen unbekannten Ort geht, macht man eine neue Erfahrung. Manchmal eine, die man nicht wiederholen möchte, weil man sich nicht wohlgefühlt hat. Doch ab und an entdeckt man beim Ausprobieren etwas, das einem so gut gefällt, dass man es fortan regelmäßig tut. Genau das kann beim Experimentieren mit neuen Formen des Gebets geschehen.

Gebet als Reise

Das Ziel und der Weg – unterwegs sein

Bei der Gestaltung dieses Buches haben wir uns von dem Motiv der Reise inspirieren lassen – weil Gebet ein Weg ist. In alten Kirchen (wie etwa der Kathedrale von Chartres) findet sich am Boden manchmal ein Labyrinth. Das ist kein Irrgarten, sondern ein in den Stein gemeißelter Weg, der zur Mitte führt. Es ist ein Symbol für den Weg zu Gott – dem Zentrum unseres Lebens.

Manchmal bewegen wir uns eher am Rande dieses Labyrinths. Wir reden mit Gott – in Notzeiten, wenn alles brennt: Solche Gebete kommen von Herzen – und sie kommen bei Gott an. Doch viele Menschen wissen nicht, wie sie von Herz zu Herz mit Gott sprechen können. Sie ahnen: Gebet kann mehr sein als ab und zu ein Stoß- oder Dankgebet. Doch es ist ihnen nicht klar, wie sie von dem »äußeren Kreis« der gelegentlichen Bitten zu einer intensiv gelebten Beziehung mit Gott kommen können.

Die Grundlage für vertrauensvolles Gebet ist es, sowohl das eigene Herz als auch Gottes Charakter zu kennen. Je besser du dich kennst, umso leichter kannst du ausdrücken, was dich bewegt. Je besser du ihn kennst und je mehr du weißt, wie er ist, umso leichter wird es für dich sein, vertrauensvoll zu ihm zu kommen.

Gebet ist eine Reise, deren Weg und Ziel die Begegnung mit Gott selbst ist. Auf dem Weg zu einer innigen Beziehung zu Gott sind viele unterschiedliche Begegnungen möglich – jede für sich einzigartig. ◼

Dein Raum
Den richtigen Platz finden

Wenn du beten willst, geh in dein Zimmer,
schließ die Tür hinter dir zu, und bete zu deinem Vater.
—*Jesus im Matthäusevangelium 6,6 (HFA)*

■ Es motiviert zum Gebet, wenn man die Freiheit spürt, den eigenen Weg finden zu dürfen. Gott ist – per Definition – überall. Er blickt liebevoll auf uns, egal, wo wir sind. Das bedeutet, dass wir an jedem Ort und zu jeder Zeit mit ihm reden können. Es gehört zu den Schätzen des christlichen Glaubens, dass man besondere Orte zum Gebet aufsuchen kann, es aber keinesfalls muss. Gott ist uns nah, egal, was wir gerade tun. Wo und wie wir uns bewegen, ob wir Rad fahren oder fliegen. David formuliert diesen Gedanken im 139. Psalm so: »*Wenn ich sitze oder wenn ich aufstehe, du weißt es. Du kennst alle meine Gedanken. Wenn ich gehe oder wenn ich ausruhe, du siehst es und bist mit allem, was ich tue, vertraut. Du, Herr, weißt, was ich sagen möchte, noch bevor ich es ausspreche. Du bist vor mir und hinter mir und legst deine schützende Hand auf mich.*« (NLB).
Das bedeutet, dass wir zu jeder Zeit mit Gott reden können. Sowohl in stillen Momenten, wo er unsere ungeteilte Aufmerksamkeit hat, als auch bei anderen Aktivitäten – während wir Auto fahren, Salat schneiden oder einkaufen. Auch dann, wenn wir Fitnessübungen machen oder Blumen gießen!

Dein Raum

Mit Gott kann man reden wie mit einem engen Freund. Selbst mit den besten Freunden kann man jedoch selten tiefe, intensive Gespräche führen, wenn man gerade in einem Café ansteht oder nebenbei den abgestürzten Computer retten will. Unter der geteilten Aufmerksamkeit leidet die Intensität und Qualität des Gesprächs. Dennoch ist auch in diesen Momenten Verbindung und Nähe vorhanden.

Mit der Beziehung zu Gott ist es genauso: Du kannst immer und überall mit Gott reden, aber dein Gespräch mit ihm wird nicht an jedem Ort die gleiche Intensität und Tiefe haben. Gott ist immer und überall gleich – doch wir sind es nicht.

Für intensive Begegnung mit Gott hilft es deshalb, sich einen passenden Ort zu suchen. Der Ort sollte zu dem passen, was du gerade brauchst. Wenn du Ruhe brauchst, suche dir einen Ort, an dem du dich wohlfühlst und ungestört sein kannst. Wenn du Sicherheit brauchst, einen Ort, der dir Geborgenheit vermittelt. Wenn du Inspiration und Anregung brauchst, vielleicht einen Ort in der Natur oder eine schöne Galerie.

Kurz: Suche dir einen Ort, der zu dem passt, was du brauchst und was du gerade mit Gott besprechen möchtest. ■

Vorbilder – Heilige und Normalos

Von anderen lernen

Heilige sind Menschen, durch die es den anderen leichter fällt, an Gott zu glauben. —Nathan Söderblom

■ Zu erleben, wie andere beten, hilft uns dabei, es zu lernen, und inspiriert uns. Ich kenne einen gläubigen Polizisten. Wenn er erkennt, dass in dieser Welt etwas nicht in Ordnung ist, betet er. Oft formuliert er es so: »Herr, diese Sache ist nicht so, wie es deinen Absichten entspricht. Ich zeige das bei dir an!« Dann bittet er Gott als gerechten Richter und Herrscher, in die ungute Situation einzugreifen.

Mich hat das inspiriert. Von ihm lernte ich, Missstände bei Gott anzuzeigen. Auch wenn ich keine Polizistin bin, bete ich ab und zu: »Herr, diese oder jene Sache ist nicht in Ordnung. Ich zeige sie bei dir an.«

In vielen Familien ist Gebet keine Selbstverständlichkeit. Manche wissen nicht, wie sie selbst beten können. Hier kann man sich von Menschen inspirieren lassen, für die Gebet zum Leben dazugehört.

Das können historische Vorbilder sein, die auf besondere Weise mit Gott gelebt haben. Menschen wie Franz von Assisi, Teresa von Avila, Dietrich Bonhoeffer, Martin Luther King und viele andere, die Kraft aus der persönlichen Begegnung mit Gott schöpften. Wir können ihre Biografien lesen und uns von ihnen inspirieren lassen.

Vorbilder – Heilige und Normalos

Neben den »großen« Menschen des Glaubens, die Beindruckendes mit Gott erlebt haben, gibt es aber auch die vielen »kleinen« Glaubenshelden. Sie sind uns oft näher als die Vorbilder, die wir aus der Ferne bewundern.

Ich denke an eine Freundin, die mir erzählte, wie sie und ihr Mann lernen mussten, ihr Schicksal als ungewollt kinderloses Paar zu bejahen. Sie ist für mich ein Vorbild darin, schwer verständliche Lebenswege anzunehmen.

Dann denke ich an Menschen, die mich auf die Idee brachten, betend durch meine Umgebung zu laufen. Und an andere, durch die ich konkret und spezifisch bitten lernte. Und nicht zuletzt an diejenigen, die mich inspirierten, kleine Impulse im Alltag wahrzunehmen und in ihnen Gottes Reden zu erahnen.

In jedem Leben gibt es solche Menschen, die die eigene Glaubens- und Gebetsreise mit ihrem Erfahrungsschatz bereichern können. Manche teilen ihr Wissen ungefragt mit. Bei anderen muss man etwas bohren und nachhaken. Sie erzählen nicht von sich aus von ihrer Gebetspraxis. Sie brauchen eine kleine Aufforderung: »Erzähle mir mal ... wie betest du?«

So war es übrigens auch bei Jesus. Er hat seinen Jüngern seine Erfahrungen mit dem Gebet nicht übergestülpt, sondern gewartet, bis sie ihn fragten: »Herr, lehre uns beten.« Die Antwort auf ihre Frage bereichert uns bis heute: Er lehrte sie das Gebet, das wir alle als Vaterunser kennen (vgl. »Vater unser«). ∎

Bete und arbeite
Wie Wunder geschehen

*Jeder ist berufen, in dieser Welt
etwas zur Vollendung zu bringen. —Martin Buber*

■ Ich bin Berlinerin. Wir sind für unsere große Klappe bekannt, wissen zu allem und jedem etwas zu sagen. Aber wir wissen auch: Eine große Klappe allein hilft nicht weiter. Das Anpacken gehört genauso dazu. Das eine schließt das andere nicht aus. Im Gegenteil. Es motiviert zum Beten, wenn man es als Gespräch mit Gott begreift, mit dem Ziel, dass man selbst, etwas oder jemand in dieser Welt anders wird.

Gebet und Handeln gehören zusammen. Man spricht mit Gott über das, was einen bewegt. Dann kann man versuchen, wahrzunehmen, was Gott bewegt. Und sich davon bewegen lassen und aktiv und praktisch tätig werden. Wer um Vergebung bittet, ist selbst aufgefordert, zu vergeben. Wer um das tägliche Brot bittet, kann Not leidende Menschen nicht ausblenden. Wer betet, dass Gottes Wille auf dieser Welt geschieht, ist herausgefordert zu überlegen: Wo kann ich dazu beitragen, dass die guten Absichten Gottes in dieser Welt zum Zuge kommen?

Es ist klar: Keiner kann sich alleine um alle Not der Welt kümmern. Aber jeder kann etwas dazu beitragen, dass diese Welt ein Ort wird, an dem Menschen freier und sicherer leben können.

Bete und arbeite

Jeder kann dabei mithelfen, dass andere Menschen versorgt und geschützt werden. Jeder kann das Leid in der Welt ein Stück lindern. Die einen tun das, indem sie sich um vernachlässigte Kinder auf den Straßen unserer Städte kümmern. Die anderen, indem sie Computerprogramme entwickeln, die das Leben leichter machen oder schon früh vor Tsunamis warnen.

Hier stellt sich für den Einzelnen die Frage: Was genau kann ich beitragen? Wie kann ich Gottes Willen erkennen und tun?

Ganz pragmatisch macht es Sinn, erst einmal nach den eigenen Fähigkeiten und Talenten zu sehen. Es ist sinnvoll, vor allem die Dinge zu tun, die man gut kann. (Was nicht heißt, dass man bei dem stehen bleiben muss, was man schon kann – weiterlernen und Fähigkeiten ausbauen ist immer gut; wer sich nicht weiterentwickelt, stirbt innerlich ab!)

Wer seine eigenen Fähigkeiten kennt, sieht klarer, was er beitragen kann. Er hat oft schon einen großen Teil der Antwort auf die Frage nach der eigenen Berufung gefunden.

Für die »Feinabstimmung« kann man sich Gott anvertrauen. Man kann ihn bitten: »Zeig mir genauer, wo ich das, was ich kann, am besten einsetzen kann!« Oder auch: »Bitte lenke Situationen so, dass mir die Not vor die Füße fällt und ich genau erkenne: Das ist mein Ding.« So gehen Beten und Handeln ganz klar Hand in Hand. ■

Erfahrungen machen
Experimente wagen

Erfahrung ist nicht das, was einem zustößt.
Erfahrung ist, was man aus dem macht, was einem zustößt.
—Aldous Huxley

■ Wer betet, macht Erfahrungen. Mal sind das wunderbare Erfahrungen. Man betet und empfindet Gottes Nähe spürbar, erlebt Trost und schöpft neue Hoffnung. Oder man bittet Gott um etwas – und erlebt eine Erhörung. Aber es gibt auch die andere Erfahrung. Man betet – und es stellt sich kein Gefühl der Nähe und Verbundenheit ein. Man erlebt sich als innerlich kühl und distanziert von Gott. Man hat den Eindruck, die eigenen Worte prallen an der Decke ab.

Wenn auf der Straße jemand laut schreit, kann man denken: »Was für ein unangenehmer Mensch!« Oder aber: »Hier braucht jemand offensichtlich Hilfe.« Je nachdem, wie man die Situation einschätzt, reagiert man anders. Ähnlich ist es mit dem Gebet. Wir werden aufgrund unserer Erfahrungen bestimmte Dinge über Gott denken, glauben und von ihm erwarten. Erfahrungen sind wichtig. Ohne persönliche Erfahrungen wird das Leben – auch das Leben mit Gott – eintönig und fade. Gleichzeitig ist es wichtig, im Blick zu behalten, dass Erfahrungen immer begrenzt sind und verschieden interpretiert werden können.

Erfahrungen machen

Um beim Beispiel der schreienden Person zu bleiben: Wer hat recht? Schreit der Mensch, weil er ein Egozentriker ist oder weil er Hilfe braucht? Ohne dieses Wissen können wir die Erfahrung nicht richtig deuten.

Mit Gott und dem Gebet geht es uns ähnlich. Wir machen Erfahrungen. Manchmal die Erfahrung, dass Gebet in der erwarteten Weise erhört wird. Manchmal auch nicht. Möglicherweise irritieren uns unsere Erfahrungen – zumindest, wenn wir versuchen, sie als Maßstab für Gottes Liebe zu uns zu nehmen.

Es gibt jedoch noch eine andere Möglichkeit. Wir können uns daran erinnern, dass unsere Interpretation von unserer – begrenzten – Wahrnehmung geprägt ist. Wir wissen nicht alles. Gott sieht mehr als wir. Er hat eine umfassendere Sicht der Situation. Deshalb ist es ratsam, die eigene Erfahrung als Erfahrung stehen zu lassen: »Das habe ich so erlebt.« Es ist ratsam, mit der Interpretation vorsichtig zu sein. Wir können nicht immer verstehen, warum Gott bestimmte Dinge tut oder auch nicht. Das heißt nicht, dass wir an seiner Liebe zweifeln müssen. Wir dürfen offen mit ihm über die irritierende Erfahrung reden. Und weiter beten und neue, vielfältige Erfahrungen mit dem Gebet machen.

Wir können auf das vertrauen, was Menschen aller Generationen und der Tod Jesu bezeugen: Gott ist gut und liebt die Menschen. Zweifeln dürfen wir – an unserer eigenen Fähigkeit, alle Erfahrungen richtig einzuordnen. ■

Gebet von A bis Z

Inspirierendes und Praktisches

Anfangen
Über die Kunst, den ersten Schritt zu gehen

*Selbst eine tausend Meilen weite Reise beginnt mit einem
ersten Schritt. —Chinesisches Sprichwort*

■ »Rrrr Grr« – das waren die ersten Worte meiner
Patentochter. Ich hatte ihr einen kleinen Stoffesel
geschenkt und erklärt: »Der heißt Earl Grey.« Sie versuchte, es nachzusprechen. »Rrrr Grr.« Ich war begeis-
tert. Ihre ersten Worte! Erfolgreiche Kommunikation.
Irgendwie fängt jeder an. Babys haben zum Glück keine Vorstellung davon, wie man grammatisch korrek-
te Sätze bildet und sich richtig ausdrückt. Sie kämen
sonst vielleicht auf dumme Gedanken. Etwa auf die
Idee, sich bei jedem Satz zu überlegen, wie sie ihn kor-
rekt formulieren müssen. Sie würden jahrelang nicht
sprechen – aus Sorge, etwas falsch zu machen.
Es ist verrückt. Viele Erwachsene sind, wenn sie mit
ihrem himmlischen Vater sprechen, nicht so unbe-
fangen wie Babys. Sie wagen es nicht, einfach loszu-
plappern. Sie glauben, sie müssten »richtig« beten.
Aus Sorge, etwas falsch zu machen, lassen sie es ganz
bleiben.
Dabei ist Beten ganz einfach. Gott möchte mit den
Menschen in Verbindung sein und mit ihnen kommunizieren. Beten ist nichts anderes, als mit Gott zu
reden. Über das, was uns beschäftigt und bewegt.
Was uns freut und was uns Sorge macht.

Anfangen

Wir denken oft stundenlang über Dinge nach, machen uns Sorgen und reden mit vielen Menschen über das, was uns im Kopf herumgeht. Doch wir kommen meist nicht auf den Gedanken, mit dem Schöpfer der Welt darüber zu sprechen.

Manchmal denken wir einfach nicht daran, dass wir das, was uns bewegt, Gott sagen könnten. Dann wieder hindern uns falsche Vorstellungen, ungezwungen mit Gott zu reden. Warum sollte der Herr der Welt und Schöpfer des Universums Interesse an meinen kleinen Sorgen haben? An meinem kaputten Auto, dem Kampf mit der Steuererklärung oder der Erziehung der Kinder?

Gott ist Schöpfer. Und er ist auch Vater. Er wünscht sich eine Beziehung zu uns. Deshalb will er gerne hören, was uns bewegt. Als Gott weiß er es ohnehin. Als Vater möchte er es gern von uns hören.

Der Apostel Paulus erklärt in einem seiner Briefe, dass wir Gott ansprechen können, wie Kinder ihren Vater ansprechen: »Abba, lieber Vater.« »Abba« ist das hebräische Wort für »Papa«. Gebet fängt also ganz einfach mit zwei Silben an, die jedes Kind aussprechen kann: Pa-Pa.

Mittlerweile kann mein Patenkind in ganzen Sätzen sprechen. Sie kann Bitten äußern, Geschichten erzählen und sich bedanken. Ich unterhalte mich gern mit ihr. Doch nichts zaubert ein so breites Lächeln auf mein Gesicht wie die Erinnerung an ihre ersten Worte: »Rrr Grr.« ■

Praxistipps

■ **Eltern beobachten:** Beobachte Eltern mit ihren Kindern. Wenn du eine liebevolle Szene siehst, dann stell dir vor: So geht Papa-Gott mit dir um.

■ **Collage:** Schneide aus Zeitschriften Bilder aus, die Gottes Vaterliebe zum Ausdruck bringen. Nutze sie als Inspiration zum Gebet. (**G**)

■ **Anfangen:** Wenn du mit Gott über alles reden könntest, was dich bewegt: Womit würdest du beginnen? Dann: Tu es einfach.

Buchtipps

■ Manfred und Esther Lanz: *Vaterliebe Gottes. Die Liebe des Vaters erleben.* Down to Earth, 2010.

■ Manfred Lanz: *Leben in der Liebe des Vaters. Eine Entdeckungsreise zum Vaterherzen Gottes.* SCM R.Brockhaus, 2009.

■ Wayne Jacobsen: *Geliebt.* Glory World Medien, 2008.

Gebet

Papa, lieber Vater,
es ist kaum zu glauben,
dass ich mit dir reden kann.

Papa, lieber Vater,
es ist kaum zu fassen,
dass du hören willst, was mich bewegt.

Papa, lieber Vater,
ich will dir glauben,
dass ich bei dir willkommen bin.

Papa, lieber Vater,
ich will dir sagen,
was mich bewegt.

Papa, lieber Vater,
ich brauche nur eins:
zu spüren, wie sehr du mich liebst.

Papa, lieber Vater,
du und ich – wir zwei.
Wir teilen Leben.

Ich und du.
Danke, Papa.

Bitten
Über die Herausforderung, konkret zu werden

*Weil Gott der lebendige Gott ist, kann er erhören; weil er
der liebende Gott ist, will er erhören.* —C.H. Spurgeon

■ Im Grunde ist Bitten ganz einfach. Jesus erklärt
es so: »Bittet, so wird euch gegeben; suchet, so werdet ihr
finden; klopfet an, so wird euch aufgetan« (Matthäus 7,7).
Also: Man bittet. Dann bekommt man das, worum
man gebeten hat.
Bitten ist einfach – aber nicht immer leicht. Wer zeigt
schon gern, dass er nicht alles allein schafft? Oder
gibt zu, dass er Hilfe braucht? Von Menschen oder von
Gott. Wer bittet, gibt etwas von sich preis. Eine Schwä-
che oder ein Bedürfnis. Er macht sich abhängig von
den Reaktionen der anderen. Die sind nicht vorherseh-
bar. Man kann nicht immer wissen, ob – und wenn ja,
wie – die Bitte erhört wird. Bitten ist also ein höchst
riskantes Unterfangen. Meistens lohnt sich das Risiko.
In einem Notizbuch notiere ich seit mehr als 30 Jahren
meine Bitten an Gott. Links schreibe ich die Bitte auf,
rechts, was geschehen ist. In Kurzfassung habe ich
auf diese Weise viele Begebenheiten notiert, wo Gott
offensichtlich gehandelt hat. Mal waren es dringend
benötigte Finanzen oder die richtigen Mitarbeiter für
ein Projekt. Ein anderes Mal fand ich, nachdem ich
dafür gebetet hatte, eine gebrauchte, ganz besondere
Kamera, die ich mir neu nicht hätte leisten können.

Bitten

Menschen, die beten, erleben oft, dass Dinge geschehen, die über die statistische Wahrscheinlichkeit hinausgehen. Untersuchungen ergaben: Kranke, für die gebetet wird, erleben im Durchschnitt einen signifikant besseren Heilungsprozess als diejenigen, die kein Gebet bekamen.

Warum geht Gott auf unsere Bitten ein und tut nicht einfach, was er ohnehin tun will? Es gehört wohl zum Wesen eines Vaters, sich auf die Bitten seiner Kinder einzulassen. Mein irdischer Vater hilft mir gern; egal, ob ich auf der Autobahn liegen geblieben bin oder praktische Hilfe brauche. Es macht ihn froh, wenn er mir helfen kann. Ich muss nur fragen.

Bei Gott ist es ähnlich. Wie ein Vater greift er gern ein, wenn wir ihn bitten. Die Bibel erzählt von vielen Menschen, die auf Gebet hin Erstaunliches erlebten, z. B. Versorgung während einer Hungersnot, Befreiung aus dem Gefängnis, Heilung, Rettung und sogar Auferweckung von den Toten.

Wenn man betet, kann etwas passieren. Doch leider ist das nicht immer der Fall. Oder es tritt nicht genau das ein, was man erwartet hat. Es gibt Situationen, in denen das Erbetene nicht geschieht (vgl. »Zu guter Letzt« und Hebräer 11). Warum auch immer.

Doch die meisten Gebete, die nicht erhört werden, sind die, die man nicht gebetet hat. Weil man nicht auf die Idee kam, mit dem Vater zu reden. »Bittet, so wird euch gegeben« fängt damit an, dass man bittet. Ganz einfach. Um das, was man braucht. ■

Praxistipps

■ **Loslegen:** Wo brauchst du Hilfe und Unterstützung? Überlege dir, worum du Gott konkret bitten möchtest. Dann bitte ihn.

■ **Gebetstagebuch:** Besorge dir ein kleines Notizbuch. Schreibe auf, worum du Gott bitten willst, und notiere später, wie Gott das Gebet erhört hat.

■ **Von anderen hören:** Frage andere Menschen nach ihren Erfahrungen mit dem Bitten. Oder lies in Büchern, Rundbriefen oder im Internet (s. Anhang) Berichte über Gottes Handeln. (**G**)

Buchtipps

■ Georg Müller: *Und der himmlische Vater ernährt sie doch.* SCM Hänssler, 2009 – Müller erlebte, wie Gott Tausende von Waisen durch ihn versorgte.

■ Kerstin Hack: *Gebetsnotizen. Impulse aus dem Gespräch mit Gott.* Down to Earth, 2008.

Bitten

Gebet

Vater,
ich will meine Bitten zu dir bringen.

Jesus hat uns ermutigt, dich zu bitten.
Er sagte uns zu, dass du uns Gutes geben willst.

Und so bringe ich jetzt meine Bitte vor dich.
Mich bewegt folgende Situation:

....

....

Ich bitte dich, dass du eingreifst und hilfst.
Ich bitte dich konkret, dass du:

....

....

Ich vertraue dir,
dass du voller Barmherzigkeit und Güte bist.

Ich vertraue dir meine Bitte an.

Christuszentriert beten
Über die Brücke zum Vater

Wer mich sieht, der sieht den Vater!
—Jesus im Johannesevangelium 14,9

■ Die Sehnsucht ist da, mit dem Gott des Universums in Verbindung zu treten. Mit demjenigen in Kontakt zu kommen, von dem alle Kraft und Liebe strömt. Doch wie kann man zu Gott beten? Ist er nicht unfassbar, groß, gewaltig? Wie kann ein kleiner, unscheinbarer Mensch es wagen, zu diesem gewaltigen Gott zu sprechen? Das ist doch Anmaßung, oder?

Es gibt sicher eine Spannung zwischen der kindlichen Sehnsucht und der möglichen Anmaßung. Die einen versuchen, diesen Konflikt zu lösen, indem sie ihre Gebete ganz allgemein an das Universum richten. Andere beugen sich vor Gottes Allmacht – ohne seine persönliche Zuwendung zu erwarten oder zu erhoffen. Sie beenden jedes Gebet mit einem einschränkenden »Wenn es dein Wille ist«. Wieder andere suchen nach heiligeren Menschen, die für sie vor Gott eintreten. Die Spannung bleibt.

Der Kern des christlichen Glaubens liegt darin, zu glauben, dass Gott selbst diese Spannung aufgelöst hat. Er wurde als Jesus Christus Mensch, um uns nahezukommen. In ihm zeigt er uns, wie er, Gott selbst, ist. Das Kind, das auf dem Schoß Jesu sitzt, erfährt die Geborgenheit und Liebe Gottes.

Christuszentriert beten

Die Menschen, die seinen Worten lauschen, hören Gottes Weisheit. Diejenigen, die Jesus heilend berührt, erleben in ihm und durch ihn Gottes Zuwendung. Menschen, die verachtet und ausgestoßen sind, spüren durch ihn, dass Gott sie annimmt und liebt.

Wenn wir verstehen möchten, wie Gott ist, brauchen wir nur auf Christus zu blicken. In den Geschichten, die von ihm erzählt werden, können wir Gottes Charakter erkennen. Jesus hat das so erklärt: »Wer mich sieht, der sieht den Vater.« Es lohnt, sich darauf einzulassen. Das ist gar nicht so schwer.

Da gibt es zum Beispiel die Begebenheit, in der Jesus auf einen Mann trifft, der seit 38 Jahren krank am Teich Bethesda liegt. Das war eine Art Sanatorium in der Nähe einer Quelle. Jesus sieht den Mann und seine Sehnsucht, gesund zu werden. Er geht zu ihm hin, heilt ihn (vgl. Johannes 5,1-18).

Wenn es wahr ist, dass wir in dem Handeln Jesu Gott, den Vater, erkennen können: Was sagt diese Geschichte dann über Gott aus? Sie zeigt uns vielleicht, dass er Menschen in Notsituationen sieht und wahrnimmt. Und dass er heilen und helfen will.

Das, was wir in diesen Geschichten über den Charakter Gottes erkennen, können wir in unser Gebet einfließen lassen. Das kann dann zum Beispiel so klingen: »Gott-Vater, in dem, wie Jesus gehandelt hat, erkenne ich: Du bist an meinem Wohlergehen interessiert. Das gibt mir den Mut, mit dir über das zu sprechen, was mich bewegt.« ■

Praxistipps

■ **Neues Testament:** Lies eine Geschichte, in der Jesus aktiv handelt. Was spricht dich besonders an? Mit welchen Adjektiven (z.B. »schön«, »stark«) würdest du Jesus beschreiben? Schreibe sie auf. So ist also Gott! Komme darüber mit ihm ins Gespräch.

■ **Bilder:** Suche in der Bibel verschiedene bildhafte Beschreibungen von Jesus (vgl. Gebet nächste Seite). Was drücken sie über seinen Charakter und sein Handeln aus? Wenn Gott wie Jesus ist, wie ist er dann? Male oder gestalte ein Bild. (**G**)

Buchtipps

■ Philipp Yancey: *Der unbekannte Jesus. Entdeckungen eines Christen.* SCM R.Brockhaus, 2010. – Der Autor beschreibt, wie er Jesus neu entdeckt hat.

■ *Das Neue Testament.*
Die Geschichten von Jesus aus erster Hand.

Christuszentriert beten

Gebet

Jesus, du bist das Brot des Lebens.
Du zeigst uns, dass der Vater uns sättigen will.
Jesus, du bist das Licht der Welt.
Du zeigst uns, dass der Vater uns Klarheit geben will.
Jesus, du bist die Tür.
Du zeigst uns, wie wir zum Vater kommen können.
Jesus, du bist der gute Hirte.
Du zeigst uns, dass der Vater sich gern um uns
kümmert.
Jesus, du bist die Auferstehung und das Leben.
Du zeigst uns, dass der Vater für immer mit uns
verbunden sein möchte.
Jesus, du bist der Weg, die Wahrheit und das Leben.
Du zeigst uns den Weg, auf dem der Vater uns
wahrhaftiges Leben schenken will.
Du bist der Weinstock.
Du zeigst uns, wie wir tief mit dir und dem Vater
verbunden sein können.

Immer und ewig.

Danke.

Danken

Über das Einüben, Positives wahrzunehmen

Dankbare Menschen sind wie fruchtbare Felder, sie geben das Empfangene zehnfach zurück. —August von Kotzebue

■ Verschlafen rieb ich mir die Augen und versuchte, mich zu orientieren. Ich hatte geträumt, ich wäre auf mich selbst neidisch gewesen. Zuerst dachte ich: »Was für ein verrückter Gedanke!« Nach einer Weile überlegte ich weiter: »Hmm. Vielleicht ist das nur eine andere Art, die Frage zu stellen, wofür ich dankbar bin?!«

Ich denke regelmäßig darüber nach, wofür ich danken kann. Häufig fallen mir jedoch nur die Standardantworten ein: Gesundheit, ein Dach über dem Kopf, Arbeit, gute Freunde, Gottes Liebe. So richtig kreativ bin ich dabei selten. Möglicherweise war der verrückte Gedanke mit dem Neid auf mich selbst ein Impuls Gottes, die Sache einmal anders anzupacken ...

Auf einer langen Autofahrt probierte ich es aus. Ich formulierte meinen Neid auf mich selbst in Gebeten: »Vater, wenn ich nicht ich selbst wäre, dann wäre ich ziemlich neidisch auf den tollen Vater, den ich hatte. Und auf die Kindheit im Dorf, mit Garten und Gartenhäuschen, das wahlweise Rückzugsort, Piratenhöhle oder Prinzessinnenschloss war. Und darauf, dass ich fast nie krank bin und meine letzte Grippe vor sieben Jahren hatte.

Danken

Wäre ich nicht ich, wäre ich wohl neidisch auf die vielen guten Freunde, die ich habe, und auch darauf, dass mir Ideen häufig spontan kommen. Und dass ich gut Englisch kann. Und dass mir Schreiben und Reden leicht fallen. Und ... und ... und ...«

Während des Aufzählens kamen mir auch Dinge in den Sinn, die mich unglücklich machten. Erlebnisse und Konflikte, die ich meiner offenen und offenherzigen Persönlichkeit zu »verdanken« habe, Mobbing sowie einige leidvolle Erfahrungen und schmerzhafte Verluste. Doch je länger ich in meinem alten Golf die Autobahn entlangfuhr und mit meinem Gott sprach, umso mehr nahmen die negativen, frustrierten Gedanken ab. Ich konnte mich von Kilometer zu Kilometer mehr über das freuen, was in meinem Leben keineswegs selbstverständlich war.

Nach etwa 150 Kilometern voller Neid auf mich selbst fuhr ich zum Tanken auf einen Rastplatz. Ich blubberte vor Glück, tanzte fast. Doch wer glücklich ist, macht sich verdächtig. Ich fiel einigen vorbeifahrenden Polizisten auf. Sie haben deshalb mein Auto auf Drogen untersucht.

Dankbarkeit gibt Energie. Es ist wissenschaftlich erwiesen, dass Menschen, die dankbar sind, gesünder und widerstandsfähiger sind als Dauermuffel. Dankbarkeit ist zum Glück erlernbar. Man kann es einüben, Dinge nicht als selbstverständlich, sondern als Geschenk zu sehen, und Gott und Menschen dafür zu danken. Wohl bekomm's! ■

Praxistipps

- **Neid auf dich selbst:** Probiere, neidisch auf dich selbst zu sein. Schreibe auf, worauf du neidisch wärst, wenn du nicht du selbst wärst.

- **Zehn-Finger-Dank:** Nimm deine Finger zu Hilfe. Finde zehn Dinge, für die du dankbar bist. Wenn dir das nicht reicht, machst du einfach mit den Zehen weiter.

- **Dank-athon:** Wettbewerb mit Freunden: Setzt eine Zeit fest und schreibt auf, wofür ihr dankbar seid. Wem fällt mehr ein? Oder: Legt Markierungen auf den Boden. Für jede Idee geht es einen Schritt vorwärts. Wer ist zuerst am Ziel? (**G**)

- **Danke-Buch:** Notiere jeden Abend fünf Dinge, für die du an diesem Tag dankbar bist. Sprich mit Gott darüber.

- **Anderen danken:** Sage heute jemandem »Danke« – entweder persönlich oder durch eine Mail oder Karte.

Danken

Gebet

Danke, Herr,
für Sonnenschein und Wind und Regen,
für Menschen, die vertrauen und pflegen,
für Lachen, Jubel und Gesang,
für Kommunikation ein Leben lang.

Danke auch
für manche dunklen Tage,
für schwere Lasten, die ich trage,
für das, was mir das Leben gab,
du mittendrin im Auf und Ab.

Danke, Herr,
für all das Gute, das ich sehe,
für neue Wege, die ich gehe,
für das, was ich kaum begreifen kann,
voll Dankbarkeit nehm ich es an.

Ehrlich beten

Über die Fähigkeit, zu dem zu stehen, was ist

Ein Ozean der Liebe Gottes ist für uns da!
— *Corrie ten Boom*

■ Jesus erzählt eine Geschichte von zwei Männern. Der eine zählt vor Gott alle seine Leistungen auf. Er berichtet über sein Wohlverhalten, seine Spenden, seine guten Taten. Außerdem erklärt er ihm, wo und wie er moralisch besser handelt als andere Menschen. Er will den Höchsten beeindrucken. Der andere Mann sagt Gott einfach nur: »Ich kriege es in meinem Leben nicht gut hin. Habe schon wieder Fehler gemacht. Ich brauche deine Hilfe« (vgl. Lukas 18,10-14).

Jesus macht klar: Wir können und müssen Gott nicht mit unseren Fassaden und unserem tadellosen Verhalten beeindrucken. Er sieht ohnehin, was dahintersteckt. Und er liebt uns – so, wie wir sind. Ihm kommt es nicht auf Leistung und Wohlverhalten an. Wir können uns seine Liebe nicht verdienen. Wir haben sie schon. Jeder Versuch, sich Gottes Liebe zu erarbeiten, weist letztlich die Liebe zurück, die er uns schenkt – umsonst.

Das bedeutet nicht, dass wir uns künstlich schlechtmachen müssen. Nach dem Motto: »Herr, ich bin ja so ein unfähiger Mensch!« Es heißt lediglich, dass wir nicht länger um etwas kämpfen müssen, das wir schon längst haben: Gottes Annahme und Liebe.

Ehrlich beten

Wir können und müssen Gott nicht beeindrucken. Auch nicht damit, dass wir alles perfekt formulieren. Oder damit, dass wir für die richtigen und wichtigen Dinge beten. Gebet ist keine Pflichtübung, die man als guter Mensch absolvieren muss. Gebet ist nichts anderes als Reden mit Gott, dem Vater. Über das, was uns bewegt.

Manchmal ist unser Kopf so voll, dass wir gar nicht wahrnehmen, was uns tatsächlich beschäftigt. Jeder kennt Zeiten, in denen es sehr schwierig ist, an das eigene Herz heranzukommen. Zeiten, in denen 1.000 Dinge im Kopf rumoren und das Herz alles andere als klar ist. Herausforderungen oder Probleme nehmen unsere Gedanken so sehr in Beschlag, dass wir unsere Emotionen kaum mehr wahrnehmen können.

Um den eigenen Gefühlen auf die Spur zu kommen, kann es helfen, sich zu fragen: »Wenn ich an xy denke: Was fühle ich dann?« Das kann z. B. sein: »Wenn ich über diese Krise nachdenke, dann spüre ich Angst. Ich fürchte, dass mir das wirklich schadet.« Es könnte auch sein, dass man sich sorgt: »Ich habe Sorge, weil ich ratlos bin und nicht weiß, wie ich das lösen kann.« Oder »Ich bin ganz aufgeregt, weil ich das zum ersten Mal mache.«

Auch Jubel, Freude, Glück und Begeisterung kann man fühlen und offen vor Gott zum Ausdruck bringen. So kann man ihm Anteil an dem geben, was einen bewegt. Wer klar sieht und spürt, was im eigenen Herzen ist, kann leichter und offener mit Gott reden. Ganz einfach. Und ehrlich. ■

Praxistipps

■ **Floskeln:** Beobachte dich selbst: Welche Floskeln verwendest du häufig? Wie könntest du das, was du damit aussagst, auch anders ausdrücken? (**G**)

■ **Vom Denken zum Fühlen:** Probiere aus: Welche Gedanken gehen dir immer wieder durch den Kopf? Frage dich: Was fühle ich, wenn ich das denke? Sprich dann mit Gott über das, was dich bewegt.

■ **Geheimnisse:** Wovon denkst du: Das darf Gott auf keinen Fall wissen – wenn er davon erfährt, lehnt er mich garantiert ab? Er weiß es ohnehin. Sprich offen mit ihm über das, was dich belastet und dir Angst macht.

Buchtipp

■ Thomas Härry: *Das Geheimnis deiner Stärke.* SCM R.Brockhaus, 2009.

Ehrlich beten

Gebet

Hinter meiner Mauer
Geht's mir heut nicht gut
Woher kommt die Trauer?
Woher all die Wut?

Wie viel kann ich tragen?
Weiß ich, wer ich bin?
Führen meine Fragen
Schließlich zu dir hin?

Mach ich alles richtig?
Tu ich, was ich kann?
Nehm ich mich zu wichtig?
Steh ich meinen Mann?

Vater, du siehst in mich hinein
Mir bleibt nichts, als ehrlich zu sein

Ich hab heut keine Lust zu beten
Können wir nicht einfach reden
Irgendwo, einfach so
Denn ich hab keine Lust zu beten
Doch ich brauch jemand zum Reden
Der versteht, zu mir steht

Auszug aus »Keine Lust zu beten«
Text und Musik: Albert Frey © 2010 FREYKLANG

Für andere beten
Über die Bereitschaft, für andere einzustehen

Indem ihr für die Hilflosen betet, werdet ihr selbst die
Gotteshilfe mit mächtigem Arm nach euch greifen spüren.
—Helmut Thielicke

■ Während ich dies schreibe, ist eine Freundin schon seit Längerem sehr krank. Ich bete dafür, dass die Ärzte die bestmögliche Therapie finden. Ich flehe Gott für sie an. Ich bitte ihn, sie zu heilen. Und dass sie und ihre Familie seine Liebe und seinen inneren Frieden in der Zeit bis zur Heilung spüren.

Natürlich überlege ich zusätzlich, was ich für sie tun kann. Freunde haben Geld für sie gesammelt, weil sie als Selbstständige durch die Krankheit auch finanzielle Engpässe zu bewältigen hat. Ich will ihr, wenn es ihr besser geht, Massagen schenken. Vom langen Liegen ist der Körper sicher sehr verspannt.

Es ist wunderbar, dass wir bei Gott für andere eintreten können. Und ebenso schön, dass wir handeln und etwas zur Veränderung beitragen dürfen. Manchmal fühlen wir uns vielleicht machtlos. Gott ist es niemals. Im Jahr 2001 nahmen die Taliban mehrere Mitarbeiter von Hilfsorganisationen als Geiseln. Darunter waren Menschen, die ich kannte. Viele beteten für sie. Sie kamen unbeschadet frei. Und nicht nur das: Sie berichteten, wie sie in der Gefangenschaft Gottes Nähe und Trost erlebt hatten.

Für andere beten

Täglich hören wir von persönlichen und nationalen Katastrophen. Angesichts der vielen Krisensituationen, mit denen wir ständig konfrontiert sind, stellt sich die Frage, wo man mit dem Beten beginnen soll. Da können zwei Dinge helfen:

- Überlege, was dich besonders bewegt.
- Bitte Gott, dir klarzumachen, wofür du beten kannst.

Uns Menschen bewegen unterschiedliche Dinge. Ich habe schon für Mitglieder von Königshäusern, für von einem Erdrutsch betroffene Regionen, Ehekrisen, kriegsverletzte Teenager und vieles andere gebetet. Mich haben diese Situationen berührt. Andere beten für andere Dinge: Menschenrechtsverletzungen, Hilfsorganisationen oder Randgruppen. Letztlich kann man darauf vertrauen, dass andere Menschen für Dinge beten werden, die einen selbst nicht so sehr bewegen.

Darüber hinaus kann man Gott um Führung bitten. Man kann beten: »Herr, gibt es etwas, von dem du möchtest, dass ich jetzt dafür bete? Was soll ich vor dich bringen?« Im Anschluss an dieses Gebet kann man einen Moment still sein. Und darauf vertrauen, dass das, was man anschließend innerlich »hört«, ein Hinweis auf das ist, wofür man beten könnte.

Manchmal (nicht immer) kann es auch passend sein, Menschen zu trösten und ihnen zu sagen: »Ich bete für dich – mit deiner Not bist du nicht allein.« ∎

Praxistipps

- **Gebetskarten:** Suche Fotos von Menschen, für die du beten möchtest, oder schreibe ihre Namen auf Karten. Gehe sie ab und zu durch oder ziehe blind einige davon und bete für die Menschen.

- **Aktuelle Krisen:** Schneide aus der Tageszeitung mehrere Nachrichten über Notsituationen aus. Bete für die betroffenen Menschen. (**G**)

Buchtipps

- Dutch Sheets: *Fürbitter, die in den Riss treten.* Asaph, 2000.

- Eberhard Mühlan: *Gefangen in Kabul. Die dramatischen Erlebnisse der »Shelter Now«-Mitarbeiter in Afghanistan.* Gerth Medien, 2002.

Für andere beten

Gebet

Herr, du bist der Versorger.
Ich bitte dich für Menschen, die in Not und von
Katastrophen betroffen sind.
Besonders bewegt mich die Krise in ....
Ich bitte dich,
dass du ihr Leben bewahrst.
Ermutige mich oder andere, ihnen zu helfen.

Vater,
ich bitte dich für diejenigen in wirtschaftlichen
Krisen, die sich und ihre Familien nicht mehr ver-
sorgen können.
Hier denke ich besonders an Menschen,
die betroffen sind von ....
Ich bitte dich,
hilf ihnen, das Beste aus der Situation zu machen.
Ermutige mich oder andere, ihnen zu helfen.

Herr,
ich bitte dich für Menschen in emotionalen Nöten.
Menschen, die nicht mehr ein noch aus wissen.
Besonders bewegt mich das Schicksal von ....
Ich bitte dich,
dass du hilfst und tröstest und stärkst.
Ermutige mich oder andere, ihnen zu helfen.

Glaubensvoll beten

Über das Wagnis, sich auf Gott zu verlassen

Ohne Glauben ist es unmöglich, Gott zu gefallen. Wer zu Gott kommen will, muss glauben, dass es ihn gibt und dass er die belohnt, die ihn aufrichtig suchen.
—Hebräerbrief 11,6 (NGÜ)

■ Menschen glauben alles Mögliche. Zur Jahrtausendwende fürchteten viele den Super-GAU. Manche glauben an Ufos. Andere an Amulette und Armbänder, die sie vor negativen Einflüssen schützen. Die einen glauben daran, dass Kühe heilig sind. Die anderen an das Buch Mormon.

Was soll man denn glauben? Der Schreiber des Hebräerbriefes beantwortet diese Frage ganz schlicht. Es gibt zwei Dinge, die wir glauben sollen:

- Gott existiert.
- Er belohnt die, die nach ihm suchen.

Was heißt das für das Gebet? Manche Menschen denken, sie müssten sich anstrengen und Glauben für Dinge entwickeln, die sie von Gott haben möchten. Sie gründen sich damit auf das, was Jesus selbst gesagt hat: »Wenn ihr betet und im Glauben um etwas bittet, werdet ihr es erhalten, was auch immer es sei« (Matthäus 21,22; NGÜ).

Also strengen sie sich an und versuchen, Glauben zu »produzieren«. Doch man kann ihn ebenso wenig »machen«, wie man Leben hervorbringen kann.

Glaubensvoll beten

Glaube ist eine Frucht, die entsteht, wenn Gottes Geist immer mehr Raum in uns gewinnt, erklärte Paulus den Christen in Galatien (vgl. Galater 5,22, LUT 12). Er ist nicht machbar, ebenso wenig wie ein Samenkorn. Doch wir können den Boden vorbereiten, damit der Samen sich leichter entfalten kann. Pflanzen wachsen besser, wenn die Erde locker, frei von Unkraut und gut bewässert ist. Ebenso wächst Glaube, wenn wir Gott bitten, unsere Härte und inneren Nöte zu berühren, und er uns durch seine Liebe auflockert. Wir können unsere Ängste und Sorgen vor ihm ausbreiten. Wir dürfen ihm offen sagen, welche Erfahrungen und Gedanken uns dazu bringen, ihm zu misstrauen. Und ihn um Trost und Antworten bitten.

Der Same des Glaubens wächst auch, wenn wir ihn »bewässern«. Das geschieht, wenn wir uns Zeit nehmen, um Gottes Wort auf uns wirken zu lassen. Wir können seinen Charakter so immer besser kennenlernen. Irgendwann können wir dann auf einmal Dinge glauben, die wir vorher vielleicht vom Kopf her für wahr hielten, aber von denen wir im Herzen nicht wirklich überzeugt waren. Wir beten dann voll Vertrauen für Dinge, von denen wir tatsächlich glauben, dass Gott sie tun möchte.

Jesus hat sich immer gefreut, wenn er echten Glauben sah. Er jubelte, wenn er Menschen begegnete, die dem Vater etwas zutrauten, weil sie von Herzen zwei Dinge glaubten: dass Gott existiert und die Menschen belohnen wird, die ihn aufrichtig suchen. ∎

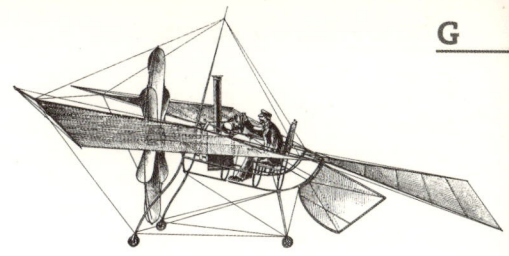

Praxistipps

- **Vertrauen:** Mach dir Gedanken darüber, was du brauchst, um jemandem vertrauen zu können. Wie ist das mit Gott: Was stärkt deinen Glauben und dein Vertrauen zu ihm? (**G**)

- **Bitten:** Notiere je fünf Dinge, um die du Menschen und Gott bitten möchtest. Für wie wahrscheinlich hältst du es, dass sie die Bitte erfüllen? Trage es auf einer Skala von 1 (kein Vertrauen) bis 10 (volles Vertrauen) ein. (**G**)

Buchtipps

- Kerstin Hack: *Gottes Verheißungen. Impulse zum Vertrauen.* Down to Earth, 2006.

- Max Lucado: *Gott ganz vertrauen.* SCM Hänssler, 2009.

Glaubensvoll beten

Gebet

Herr,
manchmal
fällt es mir leicht, zu glauben.

Zu anderen Zeiten
finde ich es schwer,
Vertrauen zu fassen.

Es packt mich die Angst,
du könntest mich im Stich lassen
und vergessen.

Herr,
ich wünsche mir
mehr Glauben.

Löse die Bilder
menschlicher Enttäuschung,
die mir den Blick auf dich versperren.

Ich will entdecken,
wie gut du bist,
und voll Freude staunen und vertrauen.

Hörend beten
Über das Einüben, Gott wahrzunehmen

*Wenn wir erwachsen sind, meinen wir, es ist wichtiger,
etwas über Gott zu wissen, als ihm zuzuhören.*
—Mike Yaconelli

■ Blau-lila. Alexandr Flek kann sich noch an die Farbe des Teppichbodens erinnern, auf dem er kniete, als sein Leben sich radikal veränderte. Er klagte: »Herr, liebst du Engländer mehr als Tschechen? Warum haben sie viele Bibelübersetzungen – und wir nur eine, die so alt ist, dass man sie kaum mehr versteht?«
»Was meinst du, warum dich das so bewegt?« – keine laute Stimme vom Himmel, sondern ein leiser, unüberhörbarer Gedanke, der sich nicht abschütteln ließ.
»Herr, das kann nicht dein Ernst sein! Ich bin erst 23, habe nicht Theologie studiert, habe kein Geld ...« Das Protestieren half nicht. Der Gedanke blieb, dass Gott ihn bat, die Bibel ins moderne Tschechisch zu übersetzen. Noch am gleichen Abend begann er mit der Übersetzung des Neuen Testaments. 15 Jahre später, 2009 war die *Bible 21* fertig. Ein Mann hatte Gott gehört. Und es gewagt, das Gehörte umzusetzen.
Warum redet Gott? Vermutlich, weil wir manches sonst nicht tun würden. Alex wäre nie auf die Idee gekommen, dass er die Bibel übersetzen, Moses, dass er ein Volk anführen oder Paulus, dass er Christus folgen würde.

Hörend beten

Gottes Reden ist nicht immer so lebensverändernd wie in diesen Beispielen. Viel häufiger flüstert er uns kleine Alltagsdinge zu: »Ruf mal diese Person an!«, oder: »Prüfe den Luftdruck deiner Reifen.« Oft schieben wir solche Impulse jedoch zur Seite. »Das macht doch keinen Sinn.« Hinterher, wenn man erfährt, dass die Person in echter Not war, oder wenn man mit plattem Reifen auf dem Seitenstreifen steht, ist man schlauer und sagt sich: »Hätte ich nur auf diesen inneren Impuls gehört!«

Es ist logisch, dass Gott uns nur die Dinge sagen muss, die wir *nicht* wissen. Die Dinge, die wir ohnehin wissen, braucht er uns nicht extra mitzuteilen. Deshalb kann die Tatsache, dass ein »stiller Gedanke« unlogisch erscheint, darauf hinweisen, dass er nicht aus uns kommt. Dennoch ist klar: Gott sagt uns gelegentlich Dinge, die ungewöhnlich sind, aber nichts, was seinem Wort im Grundsatz widerspricht. Hören gehört zum Beten dazu. Ohne Hören auf Gott wäre Gebet eine einseitige Kommunikation. Gott hören kann man üben. Man kann Gott fragen: »Willst du mir etwas sagen?«, oder: »Gibt es etwas, wofür ich beten oder was ich tun sollte?« Dann kann man entscheiden, ob man den Impulsen nachgehen will. Meist geht man dabei kein großes Risiko ein. Sollte es sich doch um etwas sehr Großes, Lebensveränderndes handeln, kann man mit Menschen darüber sprechen, die guten Rat geben und glauben, dass Gott heute noch redet – sogar sehr gern. ■

Praxistipps

■ **Hörend beten:** Bitte Gott, zu dir zu sprechen. Schreibe dann eine Frage auf, die dich beschäftigt. Notiere anschließend deine Gedanken dazu. Lies deine Notizen später durch und sieh, ob du darin Gottes Reden zu dir erkennen kannst.

■ **Ermutigen:** Bitte Gott, dir einen Bibelvers zu zeigen, mit dem du jemanden ermutigen kannst. Gib ihn mit einer kurzen Notiz weiter: »Ich dachte, das könnte dich ermutigen.« (**G**)

Buchtipp

■ Manfred und Ursula Schmidt: *Hörendes Gebet*. Geistliche Gemeinde-Erneuerung, 2009.

Hörend beten

Gebet

Herr,
öffne mein inneres Ohr,
damit ich dich wahrnehmen und hören kann.

Ich bitte dich um die Sensibilität,
das zu hören, was du mir sagen möchtest.
Durch dein Wort,
durch andere Menschen
und durch deine leise, innere Stimme.

Ich bitte dich um den Mut,
auf das Gehörte einzugehen.
Dinge zu wagen,
die außerhalb meiner Komfortzone liegen.

Gebrauche mich,
deine Worte weiterzugeben.
Du selbst willst zu Menschen sprechen.
Vielleicht gleich heute.
Vielleicht durch mich.

Innerlich beten
Über die Nähe zu Gott im Alltag

Ich bin der Weinstock, ihr seid die Reben. Wer in mir bleibt und ich in ihm, der bringt viel Frucht; denn ohne mich könnt ihr nichts tun. —Jesus im Johannesevangelium 15,5

■ Beten kann einfach bedeuten, sich Gottes Gegenwart bewusst zu werden. Kontemplatives Gebet hat das Ziel, im Alltag auf Gott ausgerichtet zu sein.
Ein Mann, der diese Kunst beherrschte, war Bruder Lorenz. Der Bauer trat 1666 als Laienbruder ins Kloster der Barfüßigen Karmeliter in Paris ein und wurde ihr Koch. Äußerlich war er mit den Töpfen und Pfannen in der Klosterküche beschäftigt. Innerlich lebte er eng verbunden mit Gott. Für ihn war klar: Vor Gott gibt es keine besonders wichtigen Aufgaben. Er ist bei mir und will Gemeinschaft mit mir leben – egal, was ich tue. Er schrieb: »Gott sieht nicht die Größe der Arbeit, sondern die Liebe, mit der sie ausgeführt wird.« Er fand drei Wege, um nahe mit Gott zu leben:

1. Bewusstheit von Gottes Gegenwart
»Erinnere dich immer wieder, dass Gott überall gegenwärtig ist. So bleibst du mit ihm im Zwiegespräch. Was auch immer du tust, leg ihm vor und sprich mit ihm. So ist deine Beschäftigung mit Gott verbunden. Es entwickelt sich bald ein dauerndes Bewusstsein Gottes.«

Innerlich beten

2. Konzentration

Für Menschen, die sich beim Beten nur schwer konzentrieren können, empfiehlt er: »Ein Weg, den Geist während der Zeiten des Gebetes ganz leicht zu sammeln und ihn ruhiger zu halten, ist, ihm zu anderen Zeiten nicht zu erlauben, zu weit umherzuwandern.«

3. Ständige Praxis

Schließlich weist Bruder Lorenz darauf hin, dass man trainieren kann, sich Gottes Gegenwart bewusst zu sein. »Alle Dinge sind dem möglich, der *glaubt*; sie fallen dem weniger schwer, der *hofft*; sie fallen dem noch leichter, der *liebt*; und gar dem noch leichter, der diese drei Tugenden kontinuierlich einübt.«

Bruder Lorenz hat in seiner Klosterküche praktiziert, alles in dem Bewusstsein der Liebe Gottes zu tun. Er erlebte, dass er sich beim Kochen ebenso mit Gott verbunden fühlen konnte wie beim Gebet oder in der Gemeinschaft der Klosterbrüder.

Im Alltag ist es manchmal nicht leicht, sich auf Gottes Gegenwart und Liebe zu besinnen. Doch man kann das beständige Gebet einüben. Man kann sich beim Duschen, am Computer, in der Küche oder unterwegs in Auto oder U-Bahn immer wieder darauf besinnen: Gott ist da. Er liebt mich. Er freut sich, wenn ich innerlich den Blick auf ihn richte. Oder wie Bruder Lorenz sagt: »Es ist nicht notwendig, immer in der Kirche zu sein, um mit Gott zu sein. Wir können eine Kapelle aus unserem Herzen machen.« ■

Praxistipps

■ **Gottes Gegenwart:** Übe in der nächsten Zeit bewusst ein, eine bestimmte Tätigkeit (z. B. Geschirrspülen oder Blumengießen) im Bewusstsein der Gegenwart Gottes zu tun.

■ **Was wäre, wenn ...?** Frage andere: »Was würde sich ändern, wenn ich mir öfter im Alltag bewusst wäre, dass Gott mich umgibt und liebt?« (**G**)

■ **Nichtstun:** Suche einen stillen Ort. Höre ruhige Musik und übe ein, in Gottes Gegenwart zu sein.

Buchtipps

■ Bruder Lorenz u.a.: *Alle meine Gedanken sind bei dir. In Gottes Gegenwart leben.* Neufeld, 2009.

■ Bruder Lorenz, Frank Laubach, Gene Edwards: *Leben in Gottes Gegenwart.* Leuchter, 2006.

■ Elke Werner, Klaus-Günter Pache: *Stille. Dem begegnen, der alle Sehnsucht stillt.* SCM R.Brockhaus, 2009.

Innerlich beten

Gebet

Jesusgebet (auch Herzensgebet genannt) ist ein in der orthodoxen Kirche weitverbreitetes Gebet, das so oder leicht abgeändert gebetet wird:

> Herr Jesus Christus,
> du Sohn Gottes,
> erbarme dich meiner.

Oder:

> Herr Jesus Christus,
> du Sohn Gottes,
> steh mir bei.

Geistliche Väter empfehlen, beim Beten auf die Atmung zu achten. Es kann beim Einatmen *Herr Jesus Christus* und beim Ausatmen *Erbarme dich meiner* gebetet werden.

Jubeln
Über die Freude, Gott zu feiern

*Wer noch staunen kann, wird auf Schritt und Tritt
beschenkt. —Oskar Kokoschka*

■ Am Anfang war das Staunen. Das ungläubige,
sprachlose Staunen angesichts der Wunder dieser Welt. Als wir als Kinder mit weit aufgerissenen
Augen zum ersten Mal eine Eisenbahn sahen. Oder
einen Ball. Oder vielleicht einen Elefanten. Etwas
Ungeahntes, Faszinierendes, Erstaunliches. Und als
Reaktion auf das Unfassbare rissen wir die Augen auf
und streckten die Hände nach dem Wunder aus.
Später dann der Jubel: »Oh!«, »Wow!«, »Wie schön!«
und »Wunderbar!« Wir versuchen mit Worten das
Unbegreifliche zu beschreiben und den Zauber ein-
zufangen. Und auch anderen Anteil an dem zu geben, was uns berührt.
Manchmal können wir in Worte fassen, was Gott in
uns auslöst. Doch Worte allein genügen meist nicht,
um die Wunder auszudrücken , die wir erleben. Deshalb nehmen wir Gesten zu Hilfe, untermalen sie mit
Musik, drücken unser Staunen in Bildern aus oder in
Fotografie, Bildhauerei und Film. Mit Kunst unterlegt
klingt das Staunen über die Wunder der Schöpfung
oder den Charakter Gottes meist eindrucksvoller.
Schließlich kann Anbetung auch einfach nur stau-
nendes Schweigen sein.

Jubeln

Jubeln beginnt mit dem Staunen über Gott und sein Handeln. Es bedeutet, in der Schönheit dieser Welt etwas von ihm zu entdecken. Ralph Waldo Emerson gab seinen Lesern den Rat: »Verpasse nie eine Gelegenheit, etwas Schönes zu sehen – denn Schönheit ist Gottes Handschrift.« Zuerst kommt also das Staunen. Daraus wächst dann die Bereitschaft, Gott tiefer kennenlernen zu wollen.

Die Handschrift eines Meisters zu sehen und sein Werk zu bewundern, ist nicht das Gleiche, wie ihm persönlich zu begegnen. Man kann in seinen Werken etwas von seinem Charakter erahnen. Tiefer verstehen kann man ihn vielleicht beim Lesen seiner Biografie. Gottes Biografie – das Buch, das wir »die Bibel« nennen – erzählt eindrückliche Geschichten von ihm. Sie zeigen seinen Charakter. Manche sind etwas rau, andere humorvoll, wieder andere machen seine Liebe und sein Mitgefühl deutlich. Gottes Werke sind einzigartig und bewundernswert. Sein Charakter ist es noch weitaus mehr (vgl. »Wort Gottes beten«).

Gott erlaubt Menschen nicht nur, ihn zu bewundern. Er lädt sie sogar ein, mit ihm zu sprechen und ihm zu begegnen. Wir können seine Anwesenheit in unserem Leben erleben. Auch darüber kann man jubeln.

Wir können uns einladen lassen, ihm näherzukommen. Und ihn einladen. Wir können auf Gottes Liebe reagieren, indem wir uns ihm immer mehr anvertrauen und unser Leben auf ihn hin ausrichten. Das ist tiefe Anbetung und löst Jubel aus – bei Gott. ∎

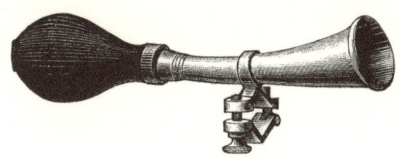

Praxistipps

■ **Erfassen:** Nimm dir Zeit, etwas ausführlich zu betrachten oder zu berühren. Beschreibe dann, wie du dich fühlst. Mit Worten, Bewegungen, Musik, Malerei oder einer anderen Kunstform. (**G**)

■ **Bilder:** Lade ein schönes Bild als Hintergrund auf deinen Computerbildschirm. Nimm dir, wenn du es siehst, einen Moment Zeit zum Staunen.

Buchtipps

■ Yann Arthus-Bertrand: *Die Erde von oben*. Knese-beck, 2001. – Wunderbare Aufnahmen.

■ Henning Rietz: *Anbetung pur. Neu über Gott staunen lernen*. Down to Earth, 2009.

Jubeln

Gebet

Herr, du bist Herrscher.
Du bist bekannt dafür, dass du groß und herrlich bist.
Himmel und Erde zeigen deine Macht.
Das faszinierte Staunen der Kinder über dich
hat mehr Aussagekraft als das Gerede der Klugen.
Es bringt sogar die zum Schweigen, die meinen,
alles besser zu wissen über Gott und die Welt.
Wenn ich zum Himmel blicke und die Sterne sehe,
komme ich mir klein und unbedeutend vor.

Ich frage mich:
Was findest du an uns Menschen so bemerkenswert?
Warum bedeuten wir dir so viel?
Warum kümmerst du dich um uns?
Du hast uns sogar einen Ehrenplatz gegeben.
Und den Auftrag, uns um deine Welt zu kümmern.
Um die Vögel, Säugetiere und Fische im Meer.

Ja, Herr,
du bist Herrscher.
Du bist bekannt dafür, dass du groß und herrlich bist.
Der Himmel und die Erde bringen deine Macht zum
Ausdruck.

Nach Psalm 8

Klagen
Über die Kunst, das Herz vor Gott auszuschütten

Dann und wann ist ein kleiner Aufstand sehr zu empfehlen. —Thomas Jefferson

■ »Mein Gott, warum hast du mich verlassen?« – Dieser Aufschrei ist vielen Menschen vertraut. Wenn wir Leid erfahren, denken wir oft, Gott hätte uns verlassen. Wir fühlen uns verzweifelt, hilflos und allein. Am liebsten würden wir Gott mal so richtig die Meinung sagen.

Geht das? Darf man sich so ungeschminkt bei Gott beklagen? Ihn sogar anklagen? Zweifeln wir dann nicht an seiner Herrschaft?

Ja. Aber auch das darf bei Gott sein. Er kommt damit klar, wenn wir mit dem Aufschrei unserer Seele zu ihm kommen. Er hält es aus. Er wartet sogar darauf, dass wir all das, was uns schmerzt, vor ihm ausbreiten.

Wir sind Gottes Kinder. Kinder verstehen nicht alles. Sie zweifeln an der Weisheit der Großen. Sie protestieren heftig, wenn ihnen etwas nicht passt. Ein kluger Erwachsener nimmt das jedoch nicht persönlich. Der Autor Adrian Plass erzählte einmal davon, wie sein Sohn wütend war. Er schlug auf die Brust seines Vaters und schrie: »Du bist gemein, gemein, so gemein!« So lange, bis er nicht mehr konnte. Dann schlief er in den Armen seines Vaters ein.

Klagen

Genau dazu lädt uns Gott ein. Wir dürfen unsere Empfindungen – egal welcher Art – vor ihm zum Ausdruck bringen. Wir dürfen alles sagen, was wir in dieser Welt und unserem persönlichen Leben schrecklich finden. Viele Psalmen sind voller Klagen. Sie drücken Schmerz über das aus, was im persönlichen Leben schiefläuft. Und sie beklagen den Zustand der Welt: Leid, Not, Korruption und Ungerechtigkeit. Manche Psalmen sind voller Ärger auf Gott. Er wehrt das nicht ab. Im Gegenteil. Er nimmt diese Gebete in sein »Buch« auf und hält sie für alle Ewigkeit fest.

Wir dürfen genauso klagen wie die Texter der Klagepsalmen. Wir brauchen es. Wenn etwas schmerzt, macht es keinen Sinn, es zu schlucken, zu verdrängen und so zu tun, als kämen wir schon klar. Das macht nur krank. Es tut uns gut, wenn wir laut oder leise zum Ausdruck bringen, was uns belastet. Es hilft uns, wenn wir formulieren, was wir nicht verstehen. Wir dürfen auch schreien: »Ich verstehe nicht, warum du das getan oder zugelassen hast. Ich finde, du bist gemein.« Er hält das aus. Seit Jahrtausenden. Und er hält uns. In unserem Schmerz.

Viele Klagepsalmen enden mit einem Ausdruck des Vertrauens. Die Klagenden, die ihre Not herausgeweint und herausgeschrien haben, erinnern sich, dass sie Kinder sind. Kinder, die nicht alles verstehen, was der Vater tut. Die ihm jedoch dennoch wieder vertrauen wollen, weil sie ihn in vielen anderen Situationen als liebevollen Vater erlebt haben. ■

Praxistipps

- **Klagepsalmen der Bibel:** Lies einen Klagepsalm, z.B. Psalm 3, 6, 22 oder 77. Was spricht dich an? (**G**)

- **Dein Klagepsalm:** Was gibt es in deinem Leben, in deiner Welt zu beklagen? Schreibe es auf und formuliere daraus einen Klagepsalm. (**G**)

- **Klagemauer:** Bau eine Klagemauer. Nimm Schuhkartons und klebe sie so aneinander, dass dazwischen Ritzen frei bleiben. Schreib deine Klagen auf Zettel und stecke sie in die Mauer. (**G**)

Buchtipps

- Ulrich Parzany: *Täglich rufe ich zu dir. Mit Ulrich Parzany durch die Psalmen.* SCM R.Brockhaus, 2010.

- Kerstin Hack: *Die Hütte und ich. Gott neu vertrauen – eine Reise.* Down to Earth, 2010 – ein ehrliches Buch über Enttäuschungen und offene Fragen.

Klagen

Gebet

Herr,
hast du mich vergessen?
Warum bist du nirgendwo zu sehen?
Wie lange soll das noch so weitergehen?
Der Kummer und die Sorgen machen mich kaputt.
Wie lange noch – all der Kampf und Stress?

Mein Gott,
tu doch etwas und greif ein!
Antworte mir!
Gib mir neuen Mut!
Lass mich wieder froh werden!

Ich habe Angst davor, es nicht mehr auszuhalten.
Ich fürchte, dass die anderen nur über mich lachen.
Und damit prahlen, wie sie mich ruiniert haben.
Und angeben, dass ich dabei draufgegangen bin.

Doch:
Ich vertraue auf deine Liebe.
Ich glaube, dass du mich da rausholen wirst.
Ich will dich loben.
Du hast mir schon viel Gutes getan.

Nach Psalm 13

Loslassen
Über die Freiheit, nicht alles festhalten zu müssen

Im Lauf meines Lebens habe ich zwei Dinge erkannt: Es gibt einen Gott. Und ich bin es nicht. —Jim Henderson

■ Kämpfen. Da lässt einer nicht los. Ringt mit Gott. Klammert sich an ihn fest. Betet: »Ich lasse dich nicht gehen, es sei denn, du segnest mich.« Gott lässt sich auf den ungleichen Kampf ein. Der Mensch gibt nicht auf. Bis Gott ihm den erbetenen Segen zusagt. Es war Jakob, der Stammvater Israels (vgl. 1. Mose 32,25-30). Warum sollte man mit Gott ringen? Er hat keinen miesen Charakter. Man kann und muss ihn nicht herumkriegen. Doch für uns Menschen ist es wichtig, Anliegen klar auszudrücken. So wie ein Mann es einmal formulierte: »Erst, wenn ich um eine Frau kämpfen muss, merke ich, was sie mir bedeutet.«

Dass es gut ist, zu kämpfen, ist eine Seite der Medaille. Die andere Seite ist, dass es auch richtig sein kann, loszulassen. Oft wollen wir etwas Bestimmtes unbedingt haben – in der Form, wie wir es uns vorstellen. Wir bestürmen Gott, zu handeln. Meist für Dinge, die uns wichtig sind: Hilfe in einer schweren Situation, Heilung von Krankheit, Erfüllung eines Herzenswunsches. Doch es kommt vor, dass wir uns so sehr in den Wunsch verbeißen, dass seine Erfüllung uns das Wichtigste wird – wichtiger als Gott selbst.

Loslassen

Gott will uns von Dingen lösen, die uns wichtiger sind als die Beziehung zu ihm. Weil er möchte, dass wir frei sind. Manchmal tut er das, indem er Gebete nicht erhört. In meinem Lieblingsbuch über Gebet* erzählt Catherine Marshall von einer kranken Frau, die monatelang um Heilung betete. Irgendwann kapitulierte sie und sagte zu Gott: »Du bist mir wichtiger als meine Gesundheit. Entscheide du.« Sie gab Gott wieder den ersten Platz. Kurz darauf wurde sie gesund.

Das erlebte auch David, als er akzeptieren musste, dass Gott sein todkrankes Kind nicht heilen würde (vgl. 2. Samuel 12,16-23). Loslassen bedeutet: »Ich akzeptiere, was ist und dass ich daran nichts ändern kann. Ich vertraue Gott und seiner Weisheit. Ich lege mich und meine Situation in seine Hand.« Nach diesem Gebet spürt man häufig einen tiefen Frieden. Man kann vertrauen: »Der Vater hat es in der Hand. Es ist gut so.«

Wie erkennt man, ob man kämpfen oder loslassen soll? In Situationen, in denen wir beim Beten immer angespannter werden, könnte Loslassen richtig sein. Auch dann, wenn wir nicht mehr vertrauensvoll bitten wie ein Kind, sondern Gott sagen, was er zu tun hat.

Es geht hier – wie letztlich beim Gebet überhaupt – um die Beziehung. Man kann sich fragen: Stärkt es meine Beziehung zu Gott eher, wenn ich – im Vertrauen auf seine Güte – kämpfe? Oder wächst die Beziehung zu ihm eher, wenn ich loslasse? Wenn man nicht sicher ist, kann man ihn um Rat bitten. Und dann dem vertrauen, was man im Inneren hört. ■

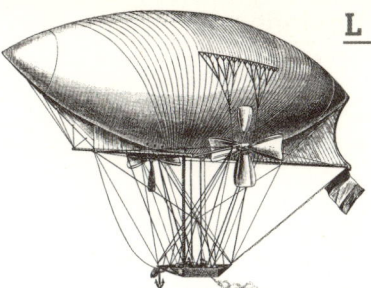

Praxistipps

■ **Symbolisch loslassen:** Such dir einen Stein als Symbol für das, was du gerade umklammert hältst. Sprich mit Gott darüber. Lege den Stein dann bewusst ab. Oder schreibe es auf ein Blatt Papier. Falte ein Boot und setze es aufs Wasser. (**G**)

■ **Erinnerung:** Erinnere dich: Wo hast du schon einmal etwas vertrauensvoll in Gottes Hand losgelassen – und es war gut so?

■ **Nachlesen:** Lies die oben erwähnten Geschichten in der Bibel nach. Was sagen sie dir? Was spricht dich besonders an?

Buchtipp

■ *Catherine Marshall: Bete und staune. Erfahrungen mit dem Gebet. SCM Hänssler. 2007 – ein sehr vielfältig inspirierendes Buch über das Gebet.

Loslassen

Gebet

Herr,
ich höre auf damit.
Ich will nicht länger so tun,
als hätte ich alles im Griff.

Ich will nicht mehr länger
versuchen müssen,
alles zu verstehen
und in allem deinen Sinn zu sehen.

Herr,
stattdessen komme ich zu dir.
In deine Arme.
Wie ein kleines Kind.

Ich werde ruhig bei dir,
muss nicht alles erfassen,
sondern kann vertrauen,
dass du es gut machst.

Danke für deinen Frieden.

Nach Psalm 131

Meditativ beten
Über die Fähigkeit, Dinge tief auf sich wirken
zu lassen

*Sie sollen reden von deiner hohen, herrlichen Pracht und
deinen Wundern nachsinnen. —Psalm 145,5*

■ »Nachsinnen, etwas auf sich wirken lassen, überlegen«: Das ist die Grundbedeutung des lateinischen
Verbs *meditari*, von dem wir unser »meditieren« ablei-
ten. Gott rät den Menschen, sich seine Worte immer
wieder ins Gedächtnis zu rufen und über sie nachzudenken. Es war ihm wichtig, dass sie seine Worte
nicht nur hörten, sondern tief in sich aufnahmen.
Wenn wir über einzelne Aussagen der Bibel nachsinnen, trägt das dazu bei, dass wir Gottes Wort
verinnerlichen und aus einer tieferen Verbundenheit heraus beten können. Christen verschiedener
Generationen haben unterschiedliche Praktiken des
meditativen oder kontemplativen Gebets entwickelt.
Besonders bekannt sind die ignatianischen Exerzitien
der Jesuiten sowie die Methode der Benediktiner (*Lectio divina*) und das Jesusgebet der orthodoxen Kirche.
In der protestantischen Tradition haben die Quäker
und Einzelpersonen wie Jakob Böhme oder Gerhard
Teerstegen die Wichtigkeit des inneren Gebets betont.
Es gibt im Rahmen der christlichen Traditionen sehr
unterschiedliche Meditationspraktiken, von denen
man sich inspirieren lassen kann.

Meditativ beten

Grundzüge der Meditation

Anders als in fernöstlicher Meditation geht es bei christlicher Meditation nicht um vollständige Entleerung des Geistes. Es geht darum, Gedanken und Emotionen mit stärkenden Wahrheiten zu füllen.

Zur Ruhe kommen

Voraussetzung für konzentriertes Nachsinnen ist, Körper und Geist zur Ruhe zu bringen. Es kann helfen, sich bequem hinzusetzen und eine Weile ruhig ein- und auszuatmen. Manchen hilft auch entspannende Musik. Man kann im stillen Gebet Gott die Dinge anvertrauen, die einen belasten.

Nachsinnen

Man wählt einige Verse oder eine Geschichte aus. Dann lässt man die Worte auf sich wirken: Was sagt das über Gott? Wie wirkt das auf mich? Was bewegt mich? In eine Geschichte kann man sich innerlich hineinbegeben: Wie wäre es, wenn ich dabei gewesen wäre? Was hätte mich bewegt? Wie hätte es gerochen, was hätte ich gefühlt und gesehen?

Gebet

Anschließend kann man das Empfundene im Gebet aufgreifen, in Worte fassen und vor Gott bringen. Eine andere Möglichkeit ist, einfach nur vor ihm zu *sein* und das Erlebte und Empfundene still weiter auf sich wirken zu lassen. ■

Praxistipps

■ **Dein Ort der Ruhe:** Suche dir einen Ort, an dem du zur Ruhe kommen kannst. Lege ruhige Musik auf. Genieße es, zu wissen, dass Gott bei dir ist.

■ **Gemeinsam still:** Setzt euch an Plätze, vor denen ein Bibeltext liegt. Zündet eine Kerze an. Nehmt euch Zeit, über den Text nachzudenken und einzutauchen. Dann könnt ihr über das reden, was euch bedeutsam wurde, und miteinander beten. (**G**)

■ **Recherche:** Schlage die hier erwähnten Praktiken zur Vertiefung im Internet nach.

Buchtipp

■ Michael Casey: *Lectio divina. Die Kunst der geistlichen Lesung.* EOS-Verlag, 2009.

Gebet

Herr,
ich darf
sein
bei dir.

Ich darf
loslassen,
zur Ruhe kommen
und zu dir.

Ich darf
deine Wahrheit
auf mich
wirken lassen.

Ich darf
dir alles
anvertrauen
und vertrauen.

Herr,
ich darf
sein
bei dir.

Namen Gottes beten

Über den Reichtum, sich von Gottes Wesen inspirieren zu lassen

Herr, unser Herrscher, wie herrlich ist dein Name in allen Landen, der du zeigst deine Hoheit am Himmel! —Psalm 8,2

■ Peter. Michael. Franz. Susi. Hanna. Marianne. Verliebte schreiben den Namen des geliebten Menschen überall hin: auf Handflächen und Schmierzettel, an Windschutzscheiben und Badezimmerspiegel. Manche sprayen ihn sogar an Hauswände oder Brückenpfeiler. Die musikalisch Begabten besingen ihn. In vielen Liedern wie etwa »Maria« aus der *Westside Story* steht der Name eines geliebten Menschen im Zentrum.

Zu derartigen Taten schreiten die Verliebten nicht in erster Linie, weil sie Opfer ihrer Hormone werden und nicht mehr klar denken können, sondern weil ihnen der Name etwas bedeutet. Er drückt für sie in Kurzform all das aus, was sie mit dem geliebten Menschen verbinden: Glück, Nähe, Vertrautheit, Erfüllung und Geborgenheit.

Gott hat nicht nur einen Namen, sondern stellt sich in der Bibel mit mehreren Hundert verschiedener Namen vor. Jeder dieser Namen betont einen anderen Aspekt seines Charakters. Manche von ihnen sind kraftvoll (»Schöpfer«, »Retter«), andere zärtlich (»Abba, lieber Vater«).

Namen Gottes beten

Wieder andere Namen bringen seine Macht zum Ausdruck (»Herrscher«, »König«) oder beschreiben seine Fürsorge (»Hirte«, »Tröster«). So geben die Autoren der Bibel uns einen Einblick in Gottes Charakter. Wir erkennen ihn tiefer, wenn wir seine Namen auf uns wirken lassen und bedenken, was sie über ihn aussagen. Wir können die Namen Gottes direkt in unser Gebet integrieren. Denn ein Gespräch gewinnt an Klarheit, wenn uns bewusst ist, wer und wie unser Gesprächspartner ist.

Die Namen Gottes führen uns vor Augen, mit was für einem starken, sanften, wunderbaren und Wunder wirkenden Gott wir es zu tun haben. Das kann den Glauben stärken und unser Gebet intensivieren. Wir können Gottes Namen auf ganz verschiedene Art und Weise betend aufgreifen:

Meditieren/Nachsinnen: Meditieren bedeutet, etwas gründlich auf sich wirken zu lassen. Was bedeutet es ganz konkret für uns, wenn Gott z. B. unser König ist? (vgl. »Meditativ beten«)

Aufschreiben: Aufschreiben hilft beim Einprägen. Wir können uns Namen Gottes an einer Stelle notieren, an der wir ihnen immer wieder begegnen.

Aussprechen: Wenn wir die Namen Gottes im Gebet aussprechen, verinnerlichen wir sie tiefer, z. B.: »Du bist unser *Vater*, unser *Hirte*, unser *Freund* ...« ∎

Praxistipps

■ **Kunst:** Viele Namen Gottes können wir verinnerlichen, wenn wir uns künstlerisch mit ihnen
beschäftigen, z.B. in einer Zeichnung, Collage, in
einem Tanz oder mit einem Lied. (**G**)

■ **Vertiefen:** Schreibe einen Namen Gottes auf.
Welche Assoziationen weckt er? Notiere sie um
den Namen herum.
Du kannst diesen Namen auch auf eine konkrete
Situation beziehen. Was bedeutet es, dass Gott
hier z.B. Vater, Hirte, König oder Tröster ist?
Sprich mit Gott über das, was dir wichtig wurde.

Buchtipps

■ Kerstin Hack: *Namen Gottes. Impulse für die Begegnung mit einem vielseitigen Gott.* Down to Earth, 2006.

■ Ann Spangler: *Gottes Namen beten. Seine Wesenszü-
ge entdecken.* SCM Hänssler, 2007.

Namen Gottes beten

Gebet

Vater unser.
Dein Name stärkt mich.

Hirte.
Dein Name gibt mir Geborgenheit.

Wunderbarer Ratgeber.
Dein Name schenkt mir Zuversicht.

Herr der Herrn.
Dein Name weckt in mir Bewunderung.

Erlöser.
Dein Name zeigt mir deine Annahme.

Tröster.
Dein Name macht mein Herz ruhig.

Freund.
Dein Name weckt den Wunsch, alles mit dir zu teilen.

Ewiger Gott.
Dein Name gibt mir für immer Halt.

Die Liebe.
Dein Name sagt alles.

Ortswechsel

Über die Inspiration, einmal woanders zu beten

Abwechslung ist immer süß. —Euripides

■ Ortswechsel inspirieren. Wir fahren in den Urlaub, weil wir die eigenen vier Wände 365 Tage im Jahr langweilig finden. Oder umgekehrt: Wenn wir beruflich ständig unterwegs sind, tut es uns gut, die Ferien zu Hause auf Balkonien zu verbringen.

Auch fürs Gebet kann eine Veränderung der Routine hilfreich sein. Woanders beten können wir an den verschiedensten Orten: in der Natur, in einer Kirche oder einem Café, nahe bei unserem Wohnort, im eigenen Land oder im Ausland. Auch in der eigenen Wohnung können wir uns einen neuen Platz suchen, um mit Gott zu reden.

Ein Ortswechsel beim Beten kann dazu beitragen, dass das Gespräch mit Gott nicht in der Routine erstarrt, sondern frisch und lebendig bleibt. Das trifft insbesondere auf das Gebet im Freien zu. Zu allen Zeiten haben Menschen in der Natur gebetet. Für manche ist das eine Möglichkeit, Gott tiefer zu begegnen. Andere drücken z.B. durch Pilgergebete aus, dass sie auf dieser Welt nur auf Durchreise sind. Wieder anderen hilft das Gebet draußen, eine neue Perspektive zu gewinnen. Die Schönheit und Majestät der Schöpfung lässt sie Gottes Größe und Macht erkennen.

Ortswechsel

Manche nutzen die Inspirationen, die sie draußen erhalten, um für ihre Umgebung zu beten – ihre Nachbarschaft, ihr Viertel, ihre Stadt.

Wenn wir in der Natur oder einer ruhigen Wohngegend beten, führt das oft dazu, dass wir stärker wahrnehmen, was uns bewegt. Durch körperliche Bewegung kommen auch innerlich Dinge in Gang. »Wenn ich eine Weile gelaufen bin, dann hat sich in meinem Kopf alles sortiert«, sagen Jogger oft.

Wenn es zudem ruhig um uns herum wird, können wir unser Innerstes oft besser spüren. Es fällt uns meist leichter, unsere eigenen Emotionen wahrzunehmen, wenn wir in der Natur unterwegs sind. Oder auch, wenn wir in einer stillen Kirche sitzen. Die intensivere Wahrnehmung dessen, was uns bewegt, hilft uns dann, tiefer mit Gott ins Gespräch zu kommen.

Draußen sehen, spüren und erkennen wir Dinge, die wir in den eigenen vier Wänden oder in Gemeinderäumen nicht wahrnehmen können. Wenn wir durch Wohnviertel laufen, sehen wir vielleicht, wo es »brennt«, und nehmen die Not der Menschen wahr. Das kann dazu führen, dass unser Herz viel tiefer berührt wird. Das Gebet draußen weitet unseren Blick, lässt uns über unsere eigenen Bedürfnisse hinaussehen und die Nöte anderer wahrnehmen. Möglicherweise bekommen wir so Impulse, wie wir den Menschen in unserer Nähe Gottes Liebe konkret zeigen können. Vielleicht fängt damit schon die Erhörung unserer Gebete an. ■

Praxistipps

■ **Ortswechsel:** Bete in dieser Woche zweimal draußen. Gehe einmal in die Natur. Das zweite Mal laufe betend durch die Straßen deiner Umgebung. Was verändert der Ortswechsel? (**G**)

■ **Lieblingsorte:** Mache dir eine Liste mit deinen Lieblingsorten fürs Gebet. Besuche sie ab und zu und rede dort mit Gott.

Buchtipp

■ Kerstin Hack: *Draußen beten. Impulse zum Gebet im Freien.* Down to Earth, 2006.

Ortswechsel

Gebet

Halleluja – lobt den Herrn!
Lobt ihn, Sonne und Mond,
lobt ihn, ihr leuchtenden Sterne!
Lobt ihn auch im fernsten Weltall,
lobt ihn, ihr Wassermassen über dem Himmel!
Lobt den Herrn auf der Erde!
Lobt ihn, ihr Walfische und alle Meerestiefen!
Lobt ihn, Blitze, Hagel, Schnee und Nebel,
du Sturmwind, der du Gottes Befehle ausführst!
Lobt ihn, ihr Berge und Hügel,
ihr Obstbäume und Tannen!
Lobt ihn, ihr wilden und ihr zahmen Tiere,
ihr Vögel und alles Gewürm!
Lobt ihn, ihr Könige und alle Völker,
ihr Herrscher und Machthaber dieser Welt!
Lobt ihn, ihr jungen Männer und ihr Mädchen,
Alte und Junge miteinander!
Sie alle sollen den Herrn loben,
denn er allein ist hoch erhaben.
Seine Majestät erstreckt sich über Himmel und Erde!
Er hat seinem Volk wieder Kraft und Hoffnung
geschenkt.

Halleluja!

Aus Psalm 148 (HFA)

Politisch und gesellschaftlich beten

Über den Mut, sich einzumischen

Bemüht euch um das Wohl der Stadt, in die ich euch weggeführt habe, und betet für sie zum Herrn; denn in ihrem Wohl liegt euer Wohl. —Jeremia 29,7 (HFA)

■ Für unsere Stadt beten – warum eigentlich? Was soll das bewirken? Verantwortung tragen – das ist doch die Aufgabe der Politiker, oder? In dem oben zitierten Bibelvers, in dem Gott durch den Propheten Jeremia zu seinem Volk spricht, bringt Gott selbst zum Ausdruck: »Mir ist es nicht egal, wie es an den Orten aussieht, an denen ihr lebt. Ich wünsche mir, dass es den Menschen gut geht.«

Im Grundtext steht anstelle des Wortes »Wohl« das hebräische Wort *Schalom*. Es bedeutet mehr als Frieden auf politisch-militärischer Ebene. Es meint umfassendes materielles wie emotionales Wohlergehen, inneren und äußeren Frieden und Sicherheit.

Es ist Gottes Wunsch, dass es den Menschen in unseren Städten und Regionen gut geht. Er möchte, dass sie seinen Segen, seine Nähe und seinen Schutz erleben. Das schließt selbst Orte mit ein, die als moralisch verdorben gelten – so wie die Stadt Babylon, um die es im zitierten Text geht.

Der Talmud rät dazu, regelmäßig für drei Dinge zu beten: einen guten König, ein gutes Jahr und einen guten Traum.

Politisch und gesellschaftlich beten

Wir können davon lernen, wie selbstverständlich sie für Menschen in Verantwortung (ihren König) beten. Wichtig ist allerdings: Gebet geht Hand in Hand mit unserem Handeln. Allein und gemeinsam mit anderen können wir zum Wohl der Menschen beitragen. Wir brauchen uns nicht frustriert aus der Gesellschaft zurückzuziehen und unser politisches Engagement darauf zu beschränken, auf die »unfähigen Politiker« zu schimpfen. Stattdessen können wir mitgestalten: an der einen oder anderen Stelle Projekte starten oder zur Meinungsbildung beitragen.

Gebet für Politik bedeutet, zuerst einmal für die Menschen zu beten, die Politik »machen«. Viele Politiker haben übervolle Terminkalender und wenig Zeit für Erholung und Familie. Gebet kann dazu beitragen, dass sie diese Herausforderungen meistern. Zum anderen können wir Gott für die Belange in unseren Orten, Regionen, Ländern und in der Welt bitten. Wir können dafür beten, dass die Politiker anstehende Entscheidungen weise treffen.

Politik wird jedoch heutzutage längst nicht mehr nur von den gewählten Politikern gemacht. Sie tragen die letzte Verantwortung für ihre Entscheidungen, doch Presse, Internet und Fernsehen bestimmen die öffentliche Meinung – nicht immer zum Guten. Und Lobbyisten wirken aktiv auf Politiker ein, um ihre Interessen durchzusetzen. Deshalb kann man alle Menschen, die meinungsbildend tätig sind, in das Gebet mit einschließen. ■

Praxistipps

■ **Für meine Vertreter beten:** Wähle einige politische oder gesellschaftliche Verantwortungsträger deiner Stadt oder Region aus. Du kannst ein Plakat mit ihren Namen und Fotos gestalten. (**G**)

■ **Vor Ort beten:** Gehe alleine oder mit anderen zum Rathaus und bete leise für die Menschen, die dort arbeiten. (**G**)

■ **Entscheidungen betend begleiten:** Informiere dich, welche politischen Entscheidungen in nächster Zeit anstehen, und bete dafür.

Buchtipp

■ Kerstin Hack: *Gebet für Politik. Impulse, Menschen in Verantwortung zu stärken.* Down to Earth, 2009.

Politisch und gesellschaftlich beten

Gebet

Herr,
meckern ist leicht.
Es gäbe viel zu kritisieren ...

Okay, ich lasse los.
Du hast mich nicht beauftragt,
über Menschen zu urteilen –
wohl aber, für sie zu beten.

Herr,
ich bitte dich
für die Regierenden unseres Landes.
Hilf ihnen, Entscheidungen zu treffen,
die jetzt und langfristig gut für unser Land sind.

Segne bitte auch alle,
die kommunal Verantwortung tragen.
Schenke ihnen Kreativität und Freude
und gute Ideen, um Probleme zu lösen.

Herr,
ich bitte dich,
bremse die lauten Meinungsmacher und Lobbyisten.
Lass auch die Stimmen derer gehört werden,
die nicht so lautstark sind.

Schenke uns allen deinen Segen.

Quirlig und kreativ
Über Einfallsreichtum beim Beten

Langweilig können auch die anderen sein. —Kerstin Hack

■ Manchmal tragen Menschen bei runden Geburtstagen ihre Glückwünsche kreativ vor – mit Liedern, Gedichten, Bildern oder Spielen. Sie drücken ihre Wertschätzung für den besonderen Menschen dadurch aus, dass sie sich etwas einfallen lassen. Manchmal frage ich mich, ob Gott es öde findet, wenn wir immer auf die gleiche Art und Weise beten: »Herr, ich bringe vor dich ... Was ich dir sagen wollte ...« usw. Na ja, ich denke nicht wirklich, dass er sich langweilt. Schließlich ist der Schöpfer des Universums glücklich darüber, dass seine Kinder mit ihm sprechen. Und beim Gebet kommt es nicht auf künstlerische Perfektion an. Doch wir dürfen ihm auf kreative Art und Weise sagen: Du bist mir so wertvoll, dass ich dir eindrücklich zeigen will, was du mir bedeutest. Quirlig und bunt. Einfallsreich und kreativ. Unsere Fantasie ist gefragt. Menschen in der Bibel zeigten ihre Wertschätzung für Gott ganz unterschiedlich. Manche schrieben Lieder, andere tanzten. Gelegentlich so leidenschaftlich, dass Zuschauer es peinlich fanden (vgl. 2. Samuel 6). Aber so entsprach es ihrem Empfinden. Andere gestalteten Räume für die Begegnung mit Gott: die Stiftshütte und Tempel. Gott wurde sogar mit besonderen Speisen und Düften gefeiert.

Quirlig und kreativ

Wir können kreativ werden, um Gott unsere Bewunderung und Anbetung auszudrücken. Nicht, weil er es unbedingt nötig hätte. Vielmehr weil es ihn erfreut und uns die richtige Perspektive vermittelt.

Abwechslung und Kreativität tragen dazu bei, unsere Beziehungen lebendig zu halten. Das gilt sowohl für die Beziehung zu Gott als auch zu Menschen.

Manchmal lasse ich mir ungewöhnliche Dinge einfallen, um die Begegnung mit Gott zu gestalten. Vor einer Weile habe ich mich einmal für eine Gebetszeit schick angezogen. Ich wollte damit zum Ausdruck bringen: »Gott, du bist mir wertvoll.« Klar hört er meine Gebete auch, wenn ich sie in Alltagskleidung spreche. Aber mir hat es gutgetan, einen besonderen Abend mit Gott zu gestalten.

Zu anderen Zeiten schreibe oder male ich mir Anliegen auf. Ich bringe symbolisch etwas zum Ausdruck, was mich bewegt. Dann wieder kuschele ich mich in eine Decke – als Zeichen von Gottes Nähe und Liebe. Oder die Kerze, die ich anzünde, erinnert mich an Gottes Licht und Wärme. Hin und wieder schreibe ich auf einen Zettel, was mich belastet, und zerreiße ihn nach der Gebetszeit.

Es gibt unzählige und vielfältige Arten, wie man im Gebet kreativ werden kann. Wer experimentiert, wird feststellen, dass Zeiten des Gebets, in denen man etwas Kreatives gewagt hat, viel intensiver in Erinnerung bleiben. Quirlig und bunt, ruhig und besinnlich: Abwechslung tut gut – auch beim Beten. ∎

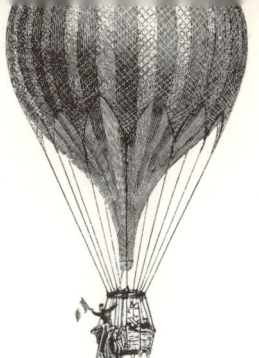

Praxistipps

- **Pinnwand:** Schreibe oder male deine Anliegen auf. Hefte sie an eine Pinnwand. Nimm beim Beten den entsprechenden Zettel in die Hand. (**G**)

- **Symbolisches:** Belastung, Geborgenheit, Schutz, Liebe ... Nutze Gegenstände, die symbolisieren, was dich bewegt, als Inspiration zum Gebet.

- **Wort Gottes:** Lies Psalm 150 vielleicht mal laut.

Medientipps

- Kerstin Hack: *Kreativ beten. Impulse für die Begegnung mit einem lebendigen Gott.* Down to Earth, 2006.

- *www.24-7prayer.com*
  Webseite der 24/7-Gebetsbewegungen mit Anregungen, Gebetsräume und -zeiten zu gestalten.

Quirlig und kreativ

Gebet

Gott,
Vater, Herrscher, Freund und Helfer!
Du bist so bunt wie deine vielen Namen.

Du verdienst es,
dass man die Freude über dich
in bunten Kreiden auf die Straße malt.

Du bist es wert,
dass man dir Lieder singt
und neue Melodien der Freude summt.

Aus Freude über dich
darf der ganze Körper schwingen
und tanzen und zum Ausdruck bringen, wer du bist.

Mir tut es gut,
meine Freude auszudrücken
wie eine bunte Tube Farbe auf einer Staffelei.

Und in der Reflexion
über das, was ich erschaffe,
mich zu sehen
– und vor allem dich.

Rituale
Über die gute Gewohnheit, Dinge zu wiederholen

Die Gewohnheit ist ein Seil. Wir weben jeden Tag einen Faden, und schließlich können wir es nicht mehr zerreißen.
—Thomas Mann

■ Kinder lieben Rituale. Da gibt es das Zu-Bett-gehen-Ritual mit Gute-Nacht-Geschichte und Fest-in-der-Bettdecke-eingepackt-werden. Oder besondere Bräuche in der Adventszeit, eine bestimmte Art, den Geburtstag zu feiern.

Mit meinem Patenkind pflegte ich folgenden ritualisierten Dialog: »Wie heißt du?« – »Leonie!« – »Und wenn du Tee trinkst, dann heißt du Tee-onie.« Nicht tiefsinnig, aber tief verbindend.

Rituale helfen uns, zur Ruhe zu kommen und unsere Seele auf etwas einzustellen. Als ich meine Magisterarbeit schrieb, legte ich immer die gleiche Musik auf, wenn ich mich an den Schreibtisch setzte. Mir signalisierte das: Jetzt ist Zeit für konzentriertes Arbeiten. Weil das Ritual immer dasselbe war, fiel es mir leichter, umzuschalten und in die vor mir liegende Aufgabe einzutauchen.

Rituale in Bezug auf das Gebet haben den gleichen Zweck. Sie verbinden uns mit Gott – und ggf. auch mit den Menschen, mit denen wir beten. Und sie helfen uns, »runterzukommen«. Sie signalisieren: »Das, was bis jetzt war, ist vorbei. Jetzt ist Zeit für Begegnung.«

Rituale

Viele Menschen zünden Kerzen an, wenn sie sich Zeit zum Gebet nehmen wollen. Das sanfte Licht schafft eine Atmosphäre, in der anderes ausgeblendet wird. Andere atmen einige Male tief ein und aus und kommen so zur Ruhe, bevor sie das Gespräch mit Gott beginnen. Wieder andere knien oder setzen sich mit geöffneten Händen hin, um zu symbolisieren: Ich bin bereit für Begegnung.

Durch die Geschichte hindurch haben gläubige Menschen Rituale entwickelt, die ihnen halfen, sich auf Gott auszurichten. Die einen beteten regelmäßig das Vaterunser. Andere bauten Kreuzgänge, durch die sie betend gingen. Wieder andere haben das Stundengebet entwickelt, um sich zu bestimmten Tageszeiten bewusst Zeit für das Gespräch mit Gott zu nehmen. Es kann lohnend sein, sich mit der bunten Vielfalt der jahrhundertealten Gebetsformen zu beschäftigen. Man kann experimentieren und ausprobieren, was für das eigene Leben passt.

Darüber hinaus könnte man überlegen, welche ganz persönlichen Rituale man entwickeln möchte.

- Welche Umgebung könnte ich für das Gebet wählen?
- Welche Körperhaltung könnte ich einnehmen?
- Welche Abläufe helfen mir, zur Ruhe zu kommen?
- Mit welchen Worten möchte ich Gott ansprechen?

Wer einmal ein Ritual eingeübt hat – was einige Zeit dauert –, kann dann in Freiheit entscheiden, ob er es langfristig als Form der Begegnung mit Gott nutzen möchte oder ob er eine andere, freie Form wählt. ■

Praxistipps

■ **Erfahrungen:** Sprich mit anderen über Rituale, die sie kennen und praktizieren. Was ist hilfreich? **(G)**

■ **Persönliches Ritual:** Entwickle ein Ritual für die Begegnung mit Gott. Praktiziere es eine Woche lang. Beobachte, was sich dadurch verändert.

■ **Wiederkehrendes Gebet:** Wähle einen oder mehrere Psalmen, Bibeltexte oder Gebete aus, um sie zu Beginn deines Gebets zu sprechen.

Medientipps

■ Anselm Grün: *50 Rituale für das Leben*. Herder, 2008.

■ Anselm Grün: *In die Stille finden. Übungen für jeden Tag*. Claudius, 2008.

■ *www.amen-online.de*
Gebete aus verschiedenen Traditionen.

Rituale

Gebet

Ich hebe meine Augen auf zu den Bergen.
Woher kommt meine Hilfe?

Meine Hilfe kommt vom Herrn,
der Himmel und Erde gemacht hat.

Der Herr wird nicht zulassen, dass ich stürze.
Er, mein Beschützer, schläft nicht.

Nach Psalm 121

Dieses Gebet kann man auswendig lernen. Man kann
es mit passenden Körperhaltungen immer wieder
als kleines Ritual beten.

Segnend beten

Über das Geschenk, anderen Gutes zuzusprechen

Der Herr segne dich und behüte dich; der Herr lasse sein
Angesicht leuchten über dir und sei dir gnädig; der Herr
erhebe sein Angesicht über dich und gebe dir Frieden.
—4. Mose 6,24-26

■ Mit diesem Segen enden viele Gottesdienste. Er entstammt der jüdischen Tradition. Die trostvollen Worte sollten dem Volk Israel immer wieder in Gottes Auftrag von den Priestern zugesprochen werden. Die Menschen sollten so ein Bild von Gott verinnerlichen, der sie mit leuchtenden Augen ansieht und sich ihnen zuwendet. Diese Segenszusage beinhaltete auch Gottes Schutz und seinen Frieden.

Segen zu spenden ist ein Wesensmerkmal Gottes. Er möchte den Menschen gerne Gutes schenken. Segen kann ganz allgemein sein, wie im oben zitierten Aaronitischen Segen. Oder ganz spezifisch: Als Jakob, der Patriarch und Stammvater Israels, im Sterben lag, rief er seinen Sohn Joseph und seine beiden Enkel an sein Sterbebett und segnete sie mit Wachstum und Vermehrung.

Auch als Mose kurz vor seinem Tod die verschiedenen Stämme Israels segnete, wählte er spezifische Wohltaten Gottes aus, die er ihnen zusprach. Dem einen Kraft, anderen Sicherheit, Fruchtbarkeit oder frische Wasserquellen.

Segnend beten

Wenn wir segnend für Menschen beten, haben wir im Blick, was sie brauchen. Aber wir richten unseren Blick auch auf das, was Gott ihnen in besonderer Weise schenken möchte. Es gibt eine Vielzahl an Segnungen, die die Bibel nennt. Gott möchte Menschen Frieden schenken und Wohlergehen, er will einschreiten gegen das, was ihr Leben bedroht, Stärke, Schutz und Sicherheit geben, ihre Gebete erhören und vieles mehr.

Man kann im stillen, persönlichen Gebet den Segen Gottes für einen Menschen erbitten: »Herr, segne diese Person mit ...« Eine andere Möglichkeit ist es, einem Menschen den Segen direkt zuzusprechen oder ihm ein Segenswort zu schreiben. Wir können aus der Vielzahl der Verheißungen Gottes auswählen und sie der jeweiligen Person zusprechen: »Der Herr segne dich mit ...«

Das hat doppelte Wirkung. Die betroffene Person erkennt: Ich bin nicht allein. Da sorgt sich ein anderer um mich. Genauer gesagt zwei: ein Mensch und Gott. Gott meint es gut mit mir. Er möchte mir Gutes tun. Er hat mich im Blick und lässt mich nicht allein. Er will helfen und eingreifen.

Darüber hinaus liegt im Segen eine Kraft, die man schwer in Worte fassen kann. Es ist, als ob man einen Prozess in Gang setzt: Segen wird einem Menschen zugesprochen. Damit wird ein Samenkorn in das Herz und Leben gelegt, das sich nun entfalten kann. ■

Praxistipps

- **Biblischer Segen:** Lies die Geschichte des Segens Jakobs in 1. Mose 48 und von Mose in 5. Mose 33. Was spricht dich an?

- **Segen spenden:** Gehe durch deine Umgebung. Bete segnend für die Menschen, die dort leben. Wenn du magst, säe als Symbol für den Segen an öden Straßenrändern Blumensamen aus. (**G**)

- **Segensworte:** Welches Segenswort berührt dich besonders? Bitte jemanden, es dir zuzusprechen. Oder sprich es einem anderen Menschen zu.

Buchtipps

- Kerstin Hack: *Worte des Segens. Zitate und Gedanken für erfülltes Leben.* Down to Earth, 2009.

- Angelika Büchelin: *Segen für den Weg des Lebens.* Verlag am Eschbach, 2009.

Segnend beten

Gebet

Der Herr segne dich.

Er erfülle deine Füße mit Tanz
und deine Arme mit Kraft.

Er erfülle dein Herz mit Zärtlichkeit
und deine Augen mit Lachen.

Er erfülle deine Ohren mit Musik
und deine Nase mit Wohlgerüchen.

Er erfülle deinen Mund mit Jubel
und dein Herz mit Freude.

Er schenke dir immer neu die Gnade der Wüste:
Stille, frisches Wasser und neue Hoffnung.

Er gebe uns allen immer neu die Kraft,
der Hoffnung ein Gesicht zu geben.

Es segne dich der Herr.

Aus: Kerstin Hack, Worte des Segens. Down to Earth, 2009

Treu beten
Über die Kraft, dranzubleiben

Ausdauer ist nicht ein langes Rennen; sie besteht aus vielen kurzen Rennen nacheinander. —Walter Eliott

■ Puh! »Treue«. »Dranbleiben«. Das klingt erst mal nach Mühe, Last, Arbeit und Schwere. Und nach einer gewissen Langeweile. So wie ein Lehrer an unserer Schule, der »treu« seinen Beruf ausübte und 30 Jahre lang die gleichen Beispiele und Overheadfolien verwendete. (Beamer gab es zu meiner Schulzeit noch nicht.)

Treue klingt langweilig. Aber dranbleiben hat was. So lange an einer Stelle hämmern, bis der Nagel endlich drin ist. Nicht aufgeben, bis man Gehör findet. Weitermachen, bis der Erfolg sich einstellt.

Ich weiß nicht, warum Gott manche Gebete erst erhört, wenn wir eine lange Zeit anhaltend bitten. Wie zum Beispiel Daniel, der drei Wochen lang betete, bevor die ersehnte Erhörung kam. Diese hatte dann aber gleich so eine Durchschlagskraft, dass wir noch heute von ihr lesen können (vgl. Daniel 10). Möglicherweise liegt hier ein Stück der Antwort verborgen. Vielleicht braucht nicht Gott das ausdauernde Gebet, sondern vielmehr wir. Wenn wir dranbleiben, klärt sich für uns: Das ist mir wirklich wichtig. Es ist keine Sache, für die ich mal »eben so« bete; sie ist von entscheidender Bedeutung für mich.

Treu beten

Auch Jesus ermutigt seine Zuhörer, beim Gebet »dranzubleiben«. Er wählt dafür das Beispiel einer benachteiligten Witwe, die vor Gericht für ihr Recht kämpft und nicht locker lässt (vgl. Lukas 18,1-7).

Treu für etwas zu beten, kann also bedeuten: Gott immer wieder um sein Eingreifen bitten, bis er antwortet. Mutig und fast herausfordernd vor Gott stehen und sagen: »Das will ich. Das halte ich für richtig. Darum bitte ich dich!«

Es gibt auch Situationen, in denen »Loslassen« dran ist (vgl. »Loslassen«). Doch nicht immer. Offensichtlich mag Gott es, wenn Menschen für das einstehen, was sie für richtig halten. Und es wagen, sich vor Gott »aufzubauen« und stehen zu bleiben. Als Gegenüber.

An anderer Stelle erläutert Jesus, dass Treue nicht bedeutet, beim Status quo stehen zu bleiben. In dem Gleichnis mit den anvertrauten Talenten bezeichnet Jesus Menschen, die nichts aus dem machen, was ihnen anvertraut wurde, als untreu. Treu ist für ihn derjenige, der sein Potenzial voll und ganz ausschöpft und das Beste aus dem macht, was er hat (vgl. Matthäus 25,14-30).

Treue kann demzufolge auch bedeuten, sich weiterzuentwickeln. Dinge nicht immer genau so zu tun, wie man sie schon immer getan hat. Sondern Neues zu wagen und auszuprobieren. Andere Formen der Begegnung zu suchen und sich weiterzuentwickeln – auch im Gebet. ∎

Praxistipps

- **Entscheidung:** Welche Sache ist es dir wert, dass du dich dafür einsetzt und immer wieder dafür betest? Schreib sie dir auf. Du kannst auch gemeinsam mit anderen überlegen, wofür ihr beten wollt. (**G**)

- **Vorbilder:** Wen kennst du, der treu etwas tat oder für etwas betete und für den es sich lohnte? (**G**)

- **Austausch:** Wofür habt ihr treu gebetet? Welche Erfahrungen habt ihr gemacht? (**G**)

Buchtipp

- Felix Bernhard: *Weglaufen ist nicht. Eine andere Perspektive auf das Leben.* Adeo, 2010.

Treu beten

Gebet

Vater,
ich verstehe nicht,
wieso du manche Gebete
nicht gleich beim ersten Mal erhörst,
sondern erst nach einer Weile
– wenn überhaupt.

Es scheint dir wichtig zu sein,
dass ich sicher bin,
was ich will
und von dir erbitte.

Du scheinst es zu mögen,
wenn ich dir sage,
was mir wichtig ist
und wo ich nicht lockerlassen will.

Es ist,
als ob du nur darauf wartest,
dass ich beginne, zu kämpfen,
und du dann jubelnd sagst:
»Du willst es wirklich.
Du meinst es ernst.
Und ich erst recht.«

Umkehr
Über das Geschenk der Vergebung

Vergebung heißt: Einen Gefangenen freizugeben – und dann festzustellen, dass man selbst der Gefangene war.
—Lewis B. Smedes

■ »Das hat mich getroffen. Ich hätte nicht gedacht, dass er mich so verraten könnte. Ich dachte, er würde zu mir stehen. Ich hätte nie erwartet, dass er so etwas tut! Das hat mich tief verletzt. Ich bin völlig am Ende.«

Jeder kennt Momente der tiefen Enttäuschung. Ein Mensch, dem wir vertraut und auf den wir uns verlassen haben, hat uns im Stich gelassen oder unser Vertrauen missbraucht. Wir tragen den Schmerz in uns. Es tut weh, dass jemand sich so verhalten hat, wie wir es auf keinen Fall wollten.

Dieser »Jemand« können auch wir selbst sein. Wir alle bleiben hinter unseren Erwartungen zurück. Denn letztlich wollen wir mit Menschen liebevoll und achtsam umgehen. Leider handeln wir oft anders, als wir wollen. Es ist schwer, sich selbst einzugestehen: »Hier habe ich versagt.«

Wenn etwas schiefgelaufen ist, wünschen wir uns im Nachhinein, es wäre anders gekommen. Wir grübeln immer wieder darüber nach und denken: »Ach, wäre doch das oder jenes nicht geschehen!« Oder: »Hätte ich das nur nicht gemacht.«

Umkehr

Die Gedanken kreisen endlos. Doch so viel wir auch grübeln: Geschehenes kann nicht rückgängig gemacht werden. Der erste Schritt zur Freiheit ist die Akzeptanz. Man akzeptiert, was geschehen ist. Man muss es nicht gut finden, lediglich anerkennen: Das war so. Es ist nun Teil meines Lebens.

Dann überlegt man: In welcher Form wünsche ich mir Ausgleich? Kann ich es wiedergutmachen? Wo und wie erwarte ich, dass der andere auf mich zukommt und es wiedergutmacht? Wo Ausgleich möglich ist, macht es Sinn, sich darum zu bemühen. Doch häufig ist nicht mehr zu »reparieren«, was geschehen ist. Hier hilft nur Vergeben. Vergebung heißt: Ich verzichte auf den Ausgleich.

In Bezug auf eigene Schuld heißt es: Ich glaube nicht mehr, ich könnte wiedergutmachen, was ich getan habe. Ich bitte um Vergebung: Menschen, die ich verletzt habe, und Gott, der mir das Leben gab. Ich vertraue, dass er gern vergibt. Und ich kehre um. Ich will künftig besser handeln und anderes Verhalten lernen. Wo mir Leid zugefügt wurde, vergebe ich. Ich verzichte auf die Rache. Ich höre auf zu erwarten, dass ein Mensch (oder womöglich sogar Gott) ausgleichen muss, was mir angetan wurde. Ich lasse diesen Anspruch los. Gerade dann, wenn etwas uns tief verletzt hat, kann dieser Prozess eine Weile dauern. Am Ende steht die Freiheit: nichts Altes mehr nachtragen zu müssen und das Leben, so wie es jetzt ist, kraftvoll gestalten zu können. ∎

Praxistipps

- **Dank:** Notiere: Was hat Gott mir vergeben? Danke Gott persönlich oder mit anderen dafür. (**G**)

- **Entsorgen:** Schreibe auf, was andere dir antaten und was du als Ausgleich erwartest. Wenn du so weit bist, lass es los. Bringe das symbolisch zum Ausdruck, indem du den Zettel verbrennst. (**G**)

Buchtipps

- Lewis B. Smedes: *Vergeben und Vergessen. Über die heilende Kraft der Vergebung.* Francke, 2001.

- Gary Chapman und Jennifer Thomas: *Die fünf Sprachen des Verzeihens. Die Kunst, wieder zueinander zu finden.* Francke, 2010.

- Kerstin Hack: *Vergeben lernen. Die Kunst, innerlich frei zu leben.* Down to Earth, 2010.

Umkehr

Gebet

Gott, du bist reich an Liebe und Güte.
Deshalb hab Erbarmen. Vergib mir.
Nimm meine Schuld von mir und wasche mich rein!
Mir ist klar, dass ich Unrecht getan habe.
Mir steht das die ganze Zeit vor Augen.

Ich bin nicht nur an Menschen schuldig geworden.
Ich habe auch gegen dich, meinen Gott, gesündigt.
Ich habe getan, was du verabscheust.
Du bist im Recht, wenn du mich schuldig sprichst.

Mein Leben ist verstrickt in Verfehlung und Schuld.
Doch du freust dich, wenn jemand Wahrheit erkennt.
Nimm meine Schuld von mir, dann werde ich rein!
Reinige mich, dann werde ich weiß wie Schnee!

Lass mich neu Freude erleben.
Gott, mach alles in mir neu.
Gib mir ein Herz, das dir voll und ganz gehört.
Schenke mir einen Geist, der dauernd zu dir hält.

Vertreibe mich nicht aus deiner Nähe!
Nimm deinen Heiligen Geist nicht von mir weg!
Mach mich doch wieder froh durch deine Hilfe.
Gib mir ein Herz, das dir gern gehorcht.

Nach Psalm 51 (von David nach seinem Ehebruch)

Vater unser
Über das Gespräch mit dem Vater

Darum sollt ihr so beten: »Unser Vater im Himmel.«
—Jesus im Matthäusevangelium 6,9

■ Das Gebet, das wir »Vaterunser« nennen, gehört zu den bekanntesten Gebeten überhaupt. Menschen sprechen es in Kirchen, Wohnungen, Schulen, Krankenhäusern und in ihren Autos. Es wird auf Friedhöfen ebenso gebetet wie bei Hochzeiten.

Jesus hat das Vaterunser formuliert, als seine Jünger ihn baten, ihnen beizubringen, wie man betet. Sie alle kannten die traditionellen jüdischen Gebete. Doch der vertraute Umgang Jesu mit Gott, den er seinen »Papa« (*Abba*) nannte, war für sie bewegend und neu. Sie wollten von ihm lernen, wie man mit Gott sprechen kann.

Jesus hat dieses Gebet nicht komplett selbst erfunden. Es lehnt sich an traditionelle Gebete an. Sie beinhalteten neben allgemeinen auch spezifische Bitten für die Juden. Jesus greift einige dieser Bitten auf und stellt sie neu zusammen. Allerdings formuliert er das Vaterunser so allgemein und offen, dass es Menschen aller Kulturen mitbeten können. Das kommt schon in den ersten zwei Worten zum Ausdruck. Wir beginnen nicht »Mein Vater«, sondern »Unser Vater«, und schließen damit die Menschen ein, die ihn gleichfalls Vater nennen.

Vater unser

Du

Der erste Teil des Vaterunsers hat Gott im Blick: »Geheiligt werde dein Name, dein Reich komme, dein Wille geschehe.« Jesus macht klar: Beim Beten geht es nicht in erster Linie um mich. Es geht zuerst um Gott. Es ist gut, ihn in den Blick zu bekommen und sich auf das auszurichten, was er auf dieser Welt bewirken möchte.

Wir

Im zweiten Teil geht es dann um die persönlichen Bitten, die jedoch nicht in »Ich«-Form formuliert sind, sondern mit »wir«. Jesus bringt damit zum Ausdruck: Deine ganz persönlichen, praktischen und konkreten Anliegen sind für Gott genauso wichtig wie seine eigenen, großen, weltumfassenden Anliegen. Und: Es geht nicht nur um dich. Beziehe in dein Gebet auch andere Menschen und ihr Wohlergehen ein.

Das Vaterunser kann man auf ganz vielfältige Art und Weise beten. Man kann es sprechen, so wie es ist. Oder man lässt sich von den verschiedenen Themen inspirieren, die dort genannt werden.

Man kann in eigenen Worten formulieren, wem man vergeben will, wo man »tägliches Brot« braucht oder in welchen Bereichen man sich besonders wünscht, dass Gottes Reich sichtbar wird. Und natürlich auch, was es einem bedeutet, dass man zu Gott »Vater« sagen kann. Vater unser. ■

Praxistipps

■ **Gestalten:** Gestalte mit selbst gemalten Bildern oder Ausschnitten aus Zeitschriften eine Collage zum Vaterunser. Betrachte die Bilder und lass dich davon zum Gebet inspirieren. (**G**)

■ **Ausformulieren:** Schreibe die einzelnen Sätze des Vaterunsers auf Karten. Nimm eine davon in die Hand. Beginne dein Gebet mit diesem Satz, z. B.: »Unser tägliches Brot gib uns heute.« Füge diesem Satz deine eigenen Gedanken und Bitten hinzu.

Buchtipps

■ Andreas Felger: *Vater Unser. Gottesnähe.* Präsenz Verlag, 2005 – ein Buch, das mit meditativen Bildern und Texten ins Vaterunser einführt.

■ Kerstin Hack: *Vater unser. Impulse, einfach zu beten.* Down to Earth, 2010.

Vater unser

Gebet

Vater unser im Himmel!

Geheiligt werde dein Name.
Dein Reich komme.
Dein Wille geschehe –
wie im Himmel so auf Erden.

Unser tägliches Brot gib uns heute
und vergib uns unsere Schuld,
wie auch wir vergeben unsern Schuldigern.
Und führe uns nicht in Versuchung,
sondern erlöse uns von dem Bösen.

Denn dein ist das Reich
und die Kraft
und die Herrlichkeit
in Ewigkeit.

Wort Gottes beten
Über die Verankerung in Gottes Wort

Was Gott verheißt, das kann er auch tun. —Römer 4,21

■ Gottes Wort enthält viele Zusagen und Versprechen. Manche davon sind bedingungslos und gelten allen Menschen. Andere sind an Voraussetzungen geknüpft: »Wenn ihr dies tut, werde ich jenes tun.« Viele davon sind mit der Aufforderung zum Gebet verbunden: *»Ihr habt nichts, weil ihr nicht bittet«* (Jakobus 4,2).

Gottes Zusagen und seine Verheißungen können uns zum Gebet inspirieren. Es gibt beim Beten Sicherheit, wenn man nicht nur »ins Blaue hinein« betet, sondern sich auf etwas stützt, was Gott uns versprochen hat. Gebet, das sich auf Gottes Verheißungen gründet, ist kraftvoll.

Gott ist kein Politiker, der, um gewählt zu werden, Versprechen macht, die nach der Wahl nicht eingehalten werden können. Weil Gott vertrauenswürdig ist, können wir uns darauf verlassen, dass Gebete, die sich auf seine Verheißungen gründen, erhört werden. Verheißungen kann man im Gebet zitieren und zu Gott sagen: »Ich erinnere dich an dein Versprechen. Du hast gesagt: ... Auf der Grundlage dieser Verheißung bitte ich dich, Folgendes zu tun: ...«

Wir können uns im Gebet auch auf biblische Geschichten beziehen und das, was sie uns über Gottes Charakter zeigen, im Gebet aufgreifen.

Wort Gottes beten

Es gibt verschiedene Möglichkeiten, sich vom Wort Gottes zum Gebet inspirieren zu lassen:

Bibeltexte »fortsetzen«: Man kann biblische Texte laut lesen und mit eigenen Gedanken ergänzen.

Meditieren: Zu Deutsch »nachsinnen«. Einen Bibeltext tief auf sich wirken lassen (vgl. »Meditativ beten«).

Aussprechen: Weil Glaube sich aus dem Hören entwickelt, gewinnt er an Kraft, wenn wir Gottes Verheißungen laut aussprechen: »Vater, du hast gesagt ...«

Aufschreiben: Schreiben hilft beim Einprägen. Man kann die Verheißungen Gottes an einem Platz notieren, an dem man sie oft sieht. Oder man kann sie aufnehmen und regelmäßig anhören.

Bildhaft beten: Es gibt dem Gebet Dynamik, wenn man sich Dinge konkret vorstellt. Wie könnte die Erfüllung dieser Verheißung praktisch aussehen? Keine blühenden Fantasiegebilde sind hier gefragt, sondern klare, aber durchaus auch emotionale Vorstellungen.

Gemeinsam beten: Gottes Verheißungen können auch thematisch im Zentrum des gemeinsamen Gebets stehen. ■

Praxistipps

■ **Bibel und Gebet:** Schlage Verheißungen nach. Welche sind allgemein, welche spezifisch für eine Situation? Sprich mit anderen darüber, welche Verheißungen dich besonders ansprechen. Auf welche Bedürfnisse weist das hin? (**G**)

■ **Geschichten:** Lies eine Geschichte, in der Gott handelt. Greife das Gelesene anschließend betend auf. Sprich mit Gott über das, was du in seinem Wort von ihm erkennst. (**G**)

■ **Kreativ:** Gestalte eine Geschichte aus der Bibel oder eine Verheißung Gottes, an die du dich gerne erinnern möchtest, mit eigenen Worten, als gespielte Szene und/oder in Bildern. (**G**)

Buchtipps

■ Kerstin Hack: *Gottes Verheißungen. Impulse zum Vertrauen.* Down to Earth, 2006.

■ Stormie Omartian: *Mit der Bibel beten.* SCM R.Brockhaus, 2010.

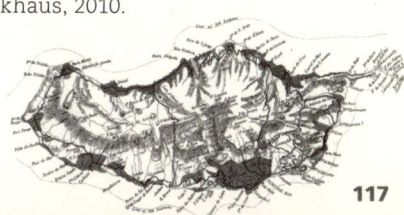

Wort Gottes beten

Gebet

Glücklich sind alle,
die sich an seine Weisungen halten
und ihm von ganzem Herzen dienen.
Sie tun kein Unrecht,
denn sie leben nach seinem Willen.

Ich wünsche mir noch mehr Beständigkeit,
damit ich mich an deine Ordnungen halten kann.
Deine guten Gesetze lerne ich immer besser kennen;
ich will mich an deine Ordnungen halten,
hilf mir dabei und lass mich nicht im Stich!

Herr, wie kann ein junger Mensch leben,
ohne schuldig zu werden?
Indem er sich nach deinen Geboten richtet.
Auch ich will dir treu sein;
lass mich nicht von dem Weg abkommen, den du
mir gezeigt hast!
Tief präge ich mir dein Wort ein,
damit ich nicht vor dir schuldig werde.

Deine Anweisungen sage ich mir immer wieder auf.
Ich freue mich über deine Gebote
wie über großen Reichtum.

Aus Psalm 119 (HFA)

X-beliebig beten
Über die Möglichkeit, alles mit Gott zu besprechen

Das Gebet öffnet die Tür zu den Schätzen Gottes.
—*C.H. Spurgeon*

■ Muttis Weisheitszahn. Überschwemmungen. Intoleranz. Missbrauchte Kinder. Schwierigkeiten mit Kollegen. Dankbarkeit. – Das Schöne am Gebet ist, dass wir über alles mit Gott sprechen können. Über die großen, weltbewegenden Dinge ebenso wie über die kleinen Sachen, die uns manchmal das Leben schwer machen.
Gebet kann Struktur und Rahmen haben (vgl. »Rituale«). Aber es kann und darf auch bunt durcheinandergehen. So, wie unsere Gedanken von einem Thema zum nächsten springen. So, wie Kinder mit ihren Eltern oder Freunden reden: »Was ich dir noch erzählen wollte ...«, und: »Hab ich dir schon gesagt, dass ...?«
Ein guter Vater freut sich über alles, was seine Kinder ihm erzählen. Das kann ein Problem in der Schule sein oder auch die tote Maus, die sie gesehen haben, oder eine Episode aus ihrer Lieblingssendung. Er freut sich, weil er dadurch mitbekommt, was das Kind beschäftigt. Das Erzählen und Zuhören schafft Verbundenheit und Nähe. Darauf kommt es ihm an.
Mit Gott ist es ähnlich. Je vertrauter unsere Beziehung zu Gott ist, desto leichter wird es uns fallen, mit ihm alles zu besprechen, was uns bewegt – nicht nur die Dinge, die vermeintlich besonders wichtig sind.

X-beliebig beten

Herausfordernd kann es sein, wenn mehrere Menschen in einem Raum sitzen und gemeinsam beten. Da betet der eine für Kenia, der Nächste für den Nachbarn mit dem kranken Knie und der Dritte für Weltfrieden. In einer Ausführlichkeit und Länge, die für die Mitbetenden schwer zu ertragen ist. Es ist dann weniger ein gemeinsames Gebet als vielmehr eine persönliche Gebetszeit von unabhängigen Individuen – bei der die anderen zuhören dürfen (oder müssen).

Es ist einfach so: Unser Hirn ermüdet, wenn es von einem Thema zum anderen springen und lange zuhören muss. Deshalb macht es Sinn, Zeiten des gemeinsamen Gebets auch tatsächlich so zu gestalten, dass sie als gemeinsames Erlebnis erfahren werden.

Wie? Eine Möglichkeit ist, zu Beginn der Gebetszeit Anliegen und Themen zu erfragen. Anschließend kann man diese dann etwas strukturieren, um Halt und Orientierung zu geben: »Zuerst beten wir für ...« Man kann die Teilnehmenden auch bitten, nicht zu springen, sondern so lange bei einem Thema zu bleiben, bis einer das Signal gibt: »Jetzt zum nächsten Anliegen.«

Manchen Menschen ist Freiheit und Spontaneität beim Gebet sehr wichtig. Sie finden es am schönsten, wenn sie genau das ausdrücken können, was ihnen gerade in den Sinn kommt. Das ist okay. Doch wenn man gemeinsam mit anderen betet, macht es Sinn, auch sie und ihre Bedürfnisse im Blick zu behalten. Alleine kann man beten, wie man will. X-beliebig und kunterbunt. ∎

Praxistipps

■ **Neues:** Worüber hast du noch nie mit Gott geredet, weil es dir nie in den Sinn kam, das mit ihm zu teilen? Erzähle ihm etwas Neues.

■ **Struktur schaffen:** Wenn ihr in Gruppen betet, ist Struktur hilfreich. Ihr könnt euch auf Themen und Anliegen einigen. Sammelt sie und schreibt sie auf Karten. Wer betet, nimmt eine Karte und gibt sie dann weiter. Wenn keiner mehr dafür beten will, wird sie auf den Boden gelegt und das nächste Thema gewählt. Oder ihr betet nach einer bestimmten »Reihenfolge«, z. B. von innen nach außen (oder umgekehrt): erst Persönliches, dann für die Gruppe, den Ort, die Welt. (**G**)

Buchtipp

■ Klaus Vellgut: *Bunt wie ein Regenbogen. Kindergebete aus aller Welt.* Butzon und Bercker, 2002.

X-beliebig beten

Gebet

Herr, wie schön, dass ich dann und wann
mit allem zu dir kommen kann.

Mich bewegt der kaputte Schuh,
der Fahrradreifen noch dazu.

Dann auch Herrn Meiers krankes Bein
und Frau Müllers Zipperlein.

Da denk ich auch noch an Herrn X.
Mit seinem Job – das wird wohl nix.

Mich selbst bewegt die Urlaubsreise
und auch die teuren Heizölpreise.

Dann kommt noch der Klimaschutz
und auf den Straßen all der Schmutz.

Mich drückt auch die Not der Kinder
und das viele Leid der Inder.

Ach wie gut, dass dann und wann
ich dir das alles sagen kann.

Yes, we can!

Über die Begeisterung, mit Gott Dinge zu bewegen

Mit dir kann ich ganze Armeen zerschlagen, mit dir überwinde ich jede Mauer. —Psalm 18,30 (NLB)

■ »Yes, we can!« Barack Obama machte diesen Slogan zu seinem Wahlkampf-Motto. Doch er stammt nicht von ihm, sondern aus der bekannten Kinderserie »Bob, der Baumeister«. Im Titellied heißt es: »Gemeinsam können wir etwas bewegen. Wir bringen etwas zustande. Gemeinsam können wir bauen, reparieren und gestalten. Yes, we can.«
Gebet ist nichts anderes, als mit Gott zusammenzuarbeiten. Vom ersten bis zum letzten Vers der Bibel entdecken wir: Gott ist diese Welt und die Menschen, die in ihr leben, nicht egal. Er will Situationen verändern. Er möchte den Menschen Gutes tun, Zerstörtes wiederherstellen und Beziehungen neu gestalten.
Doch er handelt nicht an den Menschen vorbei. In der Bibel wird deutlich, dass er die Dinge gemeinsam mit uns bewegen will. Er lädt uns zur Partnerschaft ein. Dazu, mit ihm etwas zu bewirken. Mit anzupacken. Das geschieht auf zwei Ebenen: Im Gebet bitten wir ihn, für und mit uns zu handeln. Und wo es im Rahmen unserer Möglichkeiten ist, werden wir selbst aktiv. Gottes Botschaft ist: »Du schaffst es nicht alleine. Aber du und deine Freunde und ich können zusammen etwas in dieser Welt bewegen. Yes, we can.«

Yes, we can!

Manchmal stehen Probleme und Schwierigkeiten wie Mauern vor uns. Sie scheinen unüberwindbar. Man sieht nichts anderes mehr – nur Steine oder Beton.

Der erste Schritt zum Überwinden des Hindernisses ist, ein wenig Abstand davon zu nehmen. Dann kann man sich und im Gebet auch Gott fragen: »Wie groß ist diese Mauer eigentlich, woraus besteht sie und was ist nötig, um sie zu überwinden?«, und Gott um die entsprechenden Hilfsmittel bitten.

Wenn man Abstand hat, sieht man: Um manche Mauern kann man herumlaufen. Die muss man gar nicht übersteigen. So einfach ist das. Manchmal ist mit etwas Abstand die Lösung offensichtlich.

Andere Mauern lassen sich überwinden, indem man Menschen um Unterstützung bittet. Mit einer »Räuberleiter« kann man das ein oder andere Hindernis locker übersteigen.

In wieder anderen Situationen sind komplexere Lösungen gefragt: Leitern oder gar Klettereisen. Auch die kann man von Gott und Menschen erbitten.

Manche Mauern lassen sich auch überspringen. Dazu gehört, Mut zu fassen und gehörig Anlauf zu nehmen. Dann nimmt man alle Energien zusammen und fokussiert sie auf das eine Problem. Mit diesem Schwung geht es dann.

Und schließlich lassen sich einige Mauern am besten überwinden, wenn man von jemandem, der größer und stärker ist als man selbst, an die Hand genommen wird. Yes, we can! ■

Praxistipps

■ **Träume:** Wovon träumst du? Was möchtest du in dieser Welt verändern? Wenn du sicher wärst, du könntest nicht scheitern – welches Projekt würdest du angehen? Rede mit Gott darüber. (**G**)

■ **Vorbilder:** Welche Menschen haben »Unmögliches« gewagt? Lass dich von ihnen inspirieren.

■ **Hindernislauf:** Baut ein Hindernis aus verschiedenen Materialien auf – jedes Element steht für ein Problem. Wie kann man es überwinden? (**G**)

Buchtipps

■ M. A. Mijnders–van Woerden: *Gladys Aylward. Die Frau mit dem Buch.* CLV, 2008 – eine Frau voll »Yes!«

■ Stormie Omartian: *Das Gebet, das alles verändert. Gott loben macht stark.* SCM R.Brockhaus, 2008.

■ Pete Greig, Dave Roberts: *Red Moon Rising. Die Geschichte von 24-7 Prayer.* SCM R.Brockhaus, 2008.

Yes, we can!

Gebet

Herr,
manchmal stehen die Probleme
wie Mauern vor mir.

Ich drücke mir die Nase
an ihnen platt,
sehe nur noch das Hindernis vor mir.

Herr,
nimm mich an der Hand
und führe mich einen Schritt zurück.

Hilf mir,
zu sehen, was ich brauche,
um die Mauer zu überwinden.

Herr,
stehe mir bei,
wenn ich es wage.

Ich vertraue dir.
Mit dir kann ich
meine Mauern überwinden.

Du und ich.
Yes, we can.

Zu guter Letzt

Über das, was noch an Fragen bleibt

Zum Bittgebet gehört beides: die Gewissheit der Erhörung und der restlose Verzicht, nach eigenem Plan erhört zu werden. —Karl Rahner

■ Menschen, die beten, erleben, dass Dinge geschehen, die mit reinem Zufall schwer zu erklären sind. Manchmal öffnen sich ungeahnte Finanzquellen. Zu anderen Zeiten werden Menschen, die von den Ärzten schon aufgegeben wurden, wie durch ein Wunder gesund. Zerstrittene Paare oder Familien finden wieder neu zusammen. Andere entdecken die Freude an der Begegnung mit Gott. Es ist wahr, dass auf Gebet hin Wunderbares passiert.

Doch es ist auch wahr: Nicht alle Bitten werden so erhört, wie man es sich wünschen würde. Da betet man für eine zerbrechende Ehe – und das Paar trennt sich trotzdem. Oder man bittet um Gottes heilendes Eingreifen – und ein geliebter Mensch stirbt. Man fleht Gott an, in einer ausweglosen Situation helfend einzugreifen, doch es scheint alles nur noch schlimmer zu werden. Das ist verwirrend und schmerzhaft. Hat Jesus nicht versprochen, unsere Bitten zu erhören? Er hat doch gesagt: »Bittet, so wird euch gegeben« (Matthäus 7,7). Das scheint doch ganz einfach und klar zu sein (vgl. »Bitten«). Warum klappt es dann nicht immer?

Zu guter Letzt

Wenn man den Text genauer liest, fällt auf: Dort steht nicht, dass der Vater uns *genau das* Gewünschte gibt. Jesus verspricht *nicht*, dass der Vater uns *immer* Fisch gibt, wenn wir um einen Fisch bitten. Doch klar ist, dass er uns *nichts Schlechtes* gibt. Gott garantiert also nicht, dass er Gebet immer so erhört, wie wir es uns vorstellen. Aber er verspricht, uns Gutes zu geben.

Als Studentin erlebte ich das eindrücklich, als ich als Fremdenführerin jobbte. Ich war finanziell knapp dran und lebte von den Trinkgeldern, die ich im Laufe des Tages bekam. Morgens schrieb ich mir genau auf, was ich einkaufen musste, und bat Gott um genug Trinkgeld dafür. Einmal bat ich um das nötige Geld, um mich an unserem WG-Essen beteiligen zu können. An diesem Tag bekam ich fast nichts. Ich war frustriert, weil ich das Geld bis zum Abend brauchte. Zugleich empfand ich Gottes Trost und Gewissheit, dass er mir Gutes geben würde. Kurz vor Dienstschluss erzählte mir mein Chef, er hätte mehrere riesige Eisbomben bekommen. Ob ich eine wollte? Und ob ich wollte! Mein Lieblingseis! Und der perfekte Beitrag zum WG-Abend. Besser als Geld.

Manchmal, wenn Gott Gebete nicht nach unserer Vorstellung erhört, können wir sehen, dass es so besser war. Manchmal können wir auch später den Sinn nicht erkennen. Das macht Bitten so riskant. Riskiere ich es, dass Gott meine Bitte anders erhört, als ich es mir *wünsche*? Vertraue ich, dass er mir gibt, was ich *brauche*? Wage ich es – trotz aller Fragen – zu beten? ■

Praxistipps

- **Austausch:** Sprich mit anderen darüber, ob und wie sie Erhörung ihrer Gebete erlebt haben. (**G**)

- **Fragen:** Welchen guten Grund könnte Gott gehabt haben, dein Gebet nicht zu erhören, wie du es erwartet hast? Bitte ihn, dir zu zeigen, was seine Beweggründe dafür waren.

Buchtipps

- Pete Greig: *Offline. Warum antwortest du nicht, Gott?* Brunnen, 2009.

- Jerry Sittser: *Wenn Gott dein Gebet nicht erhört.* SCM Hänssler, 2005.

- Kerstin Hack: *Die Hütte und ich. Gott neu vertrauen – eine Reise.* Down to Earth, 2010.

Zu guter Letzt

Gebet

Herr,
manchmal verstehe ich nicht,
wieso du manche Gebete erhörst
und andere nicht.

Es frustriert mich,
wenn ich dir sage,
was mir wichtig ist,
und du scheinbar nichts tust.

Ich bin ratlos,
wenn ich nicht erkennen kann,
wieso du so handelst
und was dich bewegt.

Es macht mich traurig,
wenn ich nicht weiterweiß
und ratlos bin
und ohne Trost.

Herr,
bleib mir nahe,
auch dann, wenn ich zweifle.
Bleib bei mir.
Höre und tröste mich.
Und lass mich spüren,
dass du mich liebst.

Anhang
Weiterführendes Material

Gebete der Bibel

■ In der Bibel sind viele Gebete aufgeschrieben, die Menschen an Gott richteten. Am bekanntesten sind die Psalmen und das Vaterunser (Matthäusevangelium, Kapitel 6).

Darüber hinaus gibt es noch viele weitere Gebete, die Menschen aus ganz unterschiedlichen Anlässen gebetet haben. Von ihnen bzw. den Geschichten um sie herum kann man sich für das eigene Gebet inspirieren lassen.

Altes Testament
Geschichtsbücher
- 1. Mose 18,22-33: Abraham legt bei Gott Fürsprache für Sodom ein
- 1. Mose 32,10-13: Jakob bittet um Gottes Schutz
- 2. Mose 15,1-21: Das Siegeslied des Mose nach der Rettung am Schilfmeer
- 4. Mose 14,13-19: Mose bittet für sein Volk
- Richter 5,1-31: Debora dankt Gott für den Sieg
- 1. Samuel 2,1-10: Hannas Loblied nach der Geburt Samuels
- 2. Samuel 7,18-29: David besingt das Erbarmen Gottes
- 2. Samuel 22,1-51: Davids Danklied nach der Rettung aus der Hand seiner Feinde

Gebete der Bibel

- 1. Könige 3,5-9: Salomo bittet Gott um Weisheit
- 1. Könige 8,22-61: Salomos Gebet zur Einweihung des Tempels
- Esra 9,5-15: Esra bittet um Vergebung für sein Volk
- Nehemia 1,4-11: Gebet um göttliche Bundestreue
- Nehemia 9,32-37: Bitte um Hilfe in einer Notsituation
- Hiob 10,1-7: Hiob bittet Gott um eine Erklärung für sein Leiden

Psalmen
Siehe folgende Seiten

Die prophetischen Bücher
- Jesaja 12,1-6: Das Danklied der Erlösten
- Jesaja 26,1-19: Lob der wunderbaren Wege Gottes
- Jesaja 33,1-6: Gebet um Gottes Erbarmen
- Jeremia 14,7-9: Bitte um Gottes Erbarmen
- Daniel 3,26-45: Gebet der drei Männer im Feuerofen

Psalmen

■ Die 150 Psalmen sind gesungene Gebete. Sie behandeln ganz unterschiedliche Themen. Hier findest du eine Übersicht über die Themen und Anlässe. Die Nummern beziehen sich auf die Psalmen, in denen dieses Thema erwähnt wird.

In guten Zeiten
- Gottes Güte und Treue: 92, 103, 111, 113, 117, 145
- Gottes Taten in Schöpfung und Geschichte:
  8, 19, 29, 33, 65, 78, 89, 104, 105, 114, 146, 147
- Gott, der König der Völker:
  47, 48, 67, 76, 82, 93, 96-99, 146

In schweren Zeiten
- Krisen, Krankheit und Unglück:
  6, 13, 22, 31, 38, 39, 41, 51, 69, 71, 86, 88, 130
- Katastrophen und allgemeine Not:
  44, 60, 74, 77, 79, 80, 83, 85, 89, 90, 125, 126, 137
- Zwischenmenschliche Konflikte und falsche Anklagen: 3, 4, 5, 7, 17, 26, 27, 28, 35, 42, 43, 52, 54-59, 64, 70, 94, 102, 109, 120, 140-143
- Mobbing, Unterdrückung und Verfolgung:
  9, 10, 11, 12, 123, 129
- Dank nach Rettung:
  18, 22, 30, 32, 40, 66, 75, 107, 108, 116, 118, 124, 138

Gebete der Bibel

Glauben und Vertrauen
- Vertrauen auf Gott: 16, 23, 27, 36, 46, 52, 62, 63, 91, 131
- Zusagen göttlicher Hilfe: 91, 121
- Vom Ende der Gottesfeinde: 14, 36, 37, 49, 53, 73

Feste und Feiern
- Pilger-, Wallfahrts- und Festlieder:
  24, 68, 84, 95, 100, 115, 122, 134, 135, 136, 148, 149, 150
- Lieder über Jerusalem (Zion): 46, 48, 87, 122, 132
- Lieder über und für den König (Gott):
  2, 20, 21, 45, 64, 72, 101, 110, 132, 144

Lebensweise
- Gute Lebensführung:
  1, 8-15, 19, 34, 50, 81, 112, 119, 127, 128, 133

Hinweise auf Christus
- Messianische Psalmen: 2, 22, 110

Neues Testament

Evangelien
- Matthäus 6,9-13: Vaterunser (vgl. Lukas 11,2-4)
- Matthäus 11,25-26: Lobgebet Jesu (vgl. Lukas 10,21).
- Matthäus 26,39.42: Jesu Gebet am Ölberg in Todesangst (vgl. Markus 14,35-36; Lukas 22,42-45)
- Matthäus 27,46: Die letzten betenden Worte Jesu am Kreuz (vgl. Markus 15,34; Lukas 23,46)
- Markus 11,40: Lobpreis Gottes beim Einzug Jesu in Jerusalem (vgl. Lukas 19,38-39; Johannes 12,13)
- Lukas 1,46-55: Lobpreis der Maria (Magnificat)
- Lukas 1,68-79: Lobpreis des Zacharias (Benedictus)
- Lukas 2,14: Lobpreis der Engel
- Lukas 2,29-32: Lobpreis Simeons
- Johannes 11,41-42: Dank an den himmlischen Vater
- Johannes 12,27-28: Verherrlichung des Vaters
- Johannes 17,1-26: Das hohepriesterliche Gebet (Jesus betet für die Einheit seiner Nachfolger)

Apostelgeschichte
- Apostelgeschichte 1,24: Gebet um die richtige Wahl (Wahl des Matthias zum Apostel)
- Apostelgeschichte 4,24-30: Loblied der Christen
- Apostelgeschichte 7,59-60: Gebet des Stephanus bei seiner Steinigung
- Apostelgeschichte 9,6: Berufung des Saulus

Gebete der Bibel

Briefe

- Römer 11,33-36: Hymnus auf die göttliche Vorsehung
- Römer 16,25-27: Lobpreis Gottes
- 1. Korinther 15,54-57: Lob auf den Sieger über den Tod.
- 2. Korinther 1,3-4: Dank an Gott, der tröstet
- Epheser 1,3-14: Hymnus auf Gottes Heilsplan
- Epheser 1,17-19: Bitte um den Geist der Weisheit und der Offenbarung
- Epheser 3,14-21: Gebet für die Gläubigen
- Philipper 1,3-11: Dank und Fürbitte
- 1. Thessalonicher 3,11-13: Gebet für die Gemeinde
- 1. Timotheus 1,12-17: Dank für die Berufung
- 2. Timotheus 4,16-18: Über den Beistand Gottes
- Hebräer 1,8-12: Ewigkeit Gottes
- Hebräer 2,6-18: Was ist der Mensch?
- Hebräer 13,20-21: Fürbitte für hebräische Christen
- Judas 1,24-25: Lob und Ehre Gottes

Offenbarung

- Offenbarung 1,4-6: Ehre dem unsterblichen Gott
- Offenbarung 4,8: Lob auf Gottes Heiligkeit
- Offenbarung 4,11: Gott gehört alle Ehre
- Offenbarung 5,9-14: Verehrung des Lammes
- Offenbarung 7,9-12: Anbetung Gottes
- Offenbarung 15,3-4: Das Lied des Lammes
- Offenbarung 16,5-7: Anbetung für gerechte Urteile
- Offenbarung 19,1-7: Jubel im Himmel
- Offenbarung 22,21: Bitte um Wiederkunft Jesu

Mit allen Sinnen beten

■ Gebet ist zuerst etwas Kognitives. Man denkt über etwas nach und spricht es aus. Doch Gebet kann darüber hinausgehen. In der Bibel gibt es viele Stellen, die beschreiben, wie alle fünf Sinne an der Kommunikation mit Gott beteiligt sind.

Die Bibel erwähnt Farben, Gerüche oder Geräusche, die bestimmte Aspekte des Lebens oder von Gottes Charakter symbolisieren. Symbole kann man verschieden deuten. Hier findest du Bibeltexte und mögliche Erklärungen, worauf die erwähnten Symbole hinweisen können. Du kannst dich davon inspirieren lassen, selbst mit allen Sinnen zu beten.

Sehen
- Blau: Autorität – 2. Mose 24,10; Hesekiel 1,26
- Rot: Vergebung, Gnade – Hebräer 9,22-28
- Purpur: Königlichkeit – Hohelied 7,6; Richter 8,26
- Gold: Herrlichkeit – 1. Könige 8,10; Matthäus 2,11; Offenbarung 4,4
- Bronze: Stärke, Ausdauer – Offenbarung 1,15
- Grün: Leben, Erfrischung – Psalm 23,3
- Regenbogen: Gottes Treue, Gnade – 1. Mose 9,9-17

Schmecken
- Honig: Wort Gottes und Erkenntnis – Psalm 19,11-12; Hesekiel 3,1-3
- Festmahl: Gottes Fülle und Versorgung – Psalm 23,6

Mit allen Sinnen beten

Riechen
- Myrrhe: Salböl für Könige – 2. Mose 30,23
- Räucherwerk: Fürbitte – Offenbarung 5,8; 8,4
- Zimt: Heiligkeit – 2. Mose 30,34
- Lilienduft: Reinheit – Hoheliel 6,2
- Apfelduft: Frische, neues Leben – Hoheliel 7,9
- Balsam: Heilung – Jeremia 8,22

Fühlen
- Holz: Menschwerdung Gottes – 1. Petrus 2,24
- Stein: Herzenshärte – Hesekiel 11,19
- Fleisch: Weichheit und Lebendigkeit – Hesekiel 11,19

Hören
- Donner: Macht und Majestät – Psalm 93,4
- Wasserrauschen: Gottes Macht und Herrlichkeit – Hesekiel 1,24; 43,3
- Zarter Wind: Gottes Nähe und Reden – 1. Könige 19,12
- Starker Wind: Gottes Geist – Apostelgeschichte 2,1

Aus: Kerstin Hack: Kreativ beten. Down to Earth, 2006.

Gebet im Judentum

■ Juden kennen eine Vielzahl von Formen und Traditionen des Gebets.

Gebet im Leben

Das Judentum ist eine Religion des Handelns. Das Gebet ruft dies täglich in Erinnerung. Religiöse Juden – Männer wie Frauen – beten dreimal täglich: morgens *Schacharit*, nachmittags *Mincha* und abends *Maariw*. Die Gebete folgen einem Grundmuster, das je nach Wochentag oder Festtag leicht variiert. Ein Gebetbuch enthält die Gebete für den Alltag aufgezeichnet, ein anderes die Gebete für Festtage.

Im Gebet zitierte Texte

Zu den im Gebet oft zitierten Texten gehören *Tefillim* (Psalmen), das *Schema Jisrael* (»Höre Israel«) und das *Amida* oder Achtzehnbittengebet (*Schmone Esre*). In orthodoxen und konservativen Synagogen wird alles in hebräischer Sprache gebetet, im liberalen Judentum werden einige Gebete in der Landessprache gesagt.

Daneben sprechen religiöse Juden bei vielen Gelegenheiten Lobsprüche (hebr. *Berachot*) vor einer Handlung, z. B. vor dem Essen oder vor der Ausübung einer religiösen Handlung (*Mizwa*), wie z. B. dem Anzünden der Schabbatkerzen. Man spricht sie auch vor dem Genuss von Wein und Brot oder beim Betrachten des Regenbogens.

Gebet im Judentum

Indem ein Jude die Lobsprüche vor vielen alltäglichen Handlungen und vor dem Genuss vieler Dinge in seiner Alltagssprache betet, bringt er zum Ausdruck: »Alles, was ich tue, tue ich in Abhängigkeit von Gott. Alles, was ich genieße, empfange ich als Geschenk aus seiner Hand.« So wird durch die Handlung und den Einsatz der fünf Sinne die vertrauensvolle Beziehung zu Gott gestärkt. Man sagt Lobsprüche, um Gott zu danken und ihn zu loben, aber auch, um glaubensvoll für etwas zu bitten (*Birkot hoda'ah*).

Gebet am Ruhetag und im Alltag

Der *Schabbat* (Sabbat) gehört zu den zentralen Elementen des jüdischen Glaubens. Jede Woche erinnern sich die Juden an die Erschaffung der Welt und das Gebot, den siebten Tag als Ruhetag zu feiern. Außerdem denken sie an den Auszug aus Ägypten und den Bund Gottes mit ihrem Volk.

Man kann zusammenfassend sagen, dass für Juden die Praxis des Gebets stark mit dem Alltag verwoben ist. Es gibt Gebete für besondere Gelegenheiten. Doch das Wichtigste ist, sich im Alltag und ganz besonders am Schabbat an die Verbindung mit Gott zu erinnern. Gott ist immer und überall da. Er ist bei uns und wir sind mit ihm verbunden.

Von Juden können wir lernen, Gott in den Alltag einzubeziehen, indem wir bei ganz alltäglichen Tätigkeiten ein Gebet sprechen: beim Arbeitsbeginn, wenn wir reisen oder etwas Schönes sehen. ◼

Gebet im Christentum

■ Das Christentum kennt verschiedene Gebetsformen. Viele lehnen sich an die Gebete der Bibel an. Daneben haben die unterschiedlichen kirchlichen Traditionen ihre eigenen Gebetsformen entwickelt.

Gebet im Gottesdienst

In vielen Gottesdiensten gehört das Vaterunser zum Gottesdienstablauf und wird entweder vom Leiter oder von der ganzen Gemeinde gesprochen. Daneben gibt es je nach Konfession liturgische Gebete, oft im Wechsel zwischen Einzelnen und der Gemeinde, freie oder vorformulierte Gebete des Gottesdienstleiters oder gemeinsames freies Gebet der Gemeinde.

Gemeinsames Gebet

Das Gebet mit anderen Gläubigen kann viele verschiedene Formen haben. Zum einen werden traditionelle, festgelegte Gebete gebetet, z.B. das *Trisagion* der orthodoxen Kirche, der *Angelus* in der katholischen Kirche oder das Stundengebet in Klöstern.

Daneben gibt es im Jahresverlauf verschiedene Veranstaltungen, bei denen Menschen frei oder mithilfe von Textvorschlägen für bestimmte Anliegen beten. Dazu gehören unter anderem die Gebetswoche der Evangelischen Allianz und der Ökumenische Weltgebetstag. Außerdem organisieren Gemeinden und Organisationen vielfältige Gebetsveranstaltungen.

Gebet im Christentum

Thematische Gebete
Viele Christen treffen sich regelmäßig, um für bestimmte Anliegen zu beten, die sie besonders bewegen. Das kann die Bitte um Frieden (Friedensgebete) sein, aber auch Gebet für den Arbeitsplatz, Anliegen der eigenen Gemeinde oder für Diakonie und Mission, Fürbitte für Menschen in Not sowie Gebet für Politik und Gesellschaft. Konkrete Gebetsimpulse werden häufig per Mail oder Handzettel weitergegeben.

Heilungsgebet
Viele Gemeinden bieten kranken Menschen das Gebet für körperliche Heilung an. Die Tradition fußt auf der biblischen Aufforderung, für Kranke zu beten. Das Gebet wird entweder vom Leiter der Gemeinde gesprochen oder von Gemeindegliedern, denen die Fürsorge für die Kranken besonders am Herzen liegt.

Gebet in der Familie
In vielen Familien sind Tischgebete üblich, häufiger gibt es auch ein Nachtgebet vor dem Einschlafen mit den Kindern. Manche Familien beten auch Kindergebete mit den Kindern, meist in Form von Reimen. Häufig haben aber schon kleine Kinder das Bedürfnis, ihre Bitten und ihren Dank an Gott in eigenen Worten zu formulieren. ■

Kreativ beten

■ Gebet kann und darf kreativ sein. Hier noch einige Ideen für persönliche Gebetszeiten, aber auch für das gemeinsame Gebet.

Bildmeditation
Ein Beamer wirft meditative Bilder und Texte an die Wand. Die Bilder helfen, sich an Gottes Eigenschaften zu erinnern und sie im Gebet aufzugreifen.

Gebetswand
Hier kann man Anliegen formulieren oder malen. Man kann für schon vorhandene Gebetsanliegen beten und dies entsprechend markieren. So entsteht eine Vernetzung mit anderen Menschen. Notizen zu erhörten Gebeten können ebenfalls dazugeschrieben werden.

Gedenksteine
Man schreibt auf Steine mit einem Filzstift den Namen eines Menschen. Für diesen Menschen kann man beten und dabei den Stein in der Hand halten. Die Steine bleiben als Erinnerung im Raum zurück.

Schatztruhe
Gebete können aufgeschrieben, verpackt und in eine Schatztruhe gelegt werden – zur Erinnerung daran, dass sie bei Gott gut aufgehoben sind.

Kreativ beten

Verheißungsbaum und Himmelsworte

An einem Baum aus Pappe oder Holz hängen Früchte: Zusagen und Versprechen Gottes. Diese Früchte kann man betrachten, aber auch neue Früchte an den Baum hängen. Variante: Von der Decke hängen Sterne mit Gottes Zusagen, nach denen man greifen kann.

Kreativwand

Eine Wand kann mit verschiedenfarbigem Papier behängt werden, wobei jede Farbe für ein Gebetsthema steht (zum Beispiel Politik, Familien, Nöte) oder eine Gebetsform (Dank, Anbetung, Fürbitte). Jeder kann seine Gebete an der passenden Stelle eintragen.

Sorgentonne

Sorgen werden auf ein Blatt Papier geschrieben, zerknüllt und in eine Tonne geworfen – als Zeichen dafür, dass man sie bei Gott loslässt.

Inselhüpfen

Man legt Zettel mit Gebetsanliegen wie »Inseln« auf den Fußboden. Dann stellt man sich auf eine Insel, betet dafür und geht dann zur nächsten Insel weiter.

Pappkameraden

Man schneidet Figuren aus Pappe aus, auf die man den Dank oder die Bitten für eine andere Person schreibt.

Aus: Kerstin Hack: Kreativ Beten. Down to Earth, 2006.

Weiterführende Literatur

■ Viele Aspekte des Gebets konnten hier nur kurz angerissen werden. Beten lernt man durchs Üben. Man kann sich auch von Erfahrungen anderer inspirieren lassen. Hier einige Klassiker über das Gebet.

- Elizabeth Alves: *Herr, lehre mich beten. Das Gebetshandbuch*. Gerth Medien, 2003.
- E. M. Bounds: *Kraft durch Gebet*. Herold Schriftenmission, 1993.
- Richard Foster: *Nachfolge feiern*. SCM R.Brockhaus, 2010.
- Pete Greig: *Offline*. Brunnen, 2009.
- Pete Greig: *Red Moon Rising*. SCM R.Brockhaus, 2005.
- Ole Hallesby: *Vom Beten. Eine kleine Schule des Gebets*. SCM Hänssler, 2009.
- Dorothea Hege-Kantati: *Fürbitter, die in den Riss treten*. Asaph, 2000.
- Günter Matthia: *Ich aber habe für dich gebetet*. WFB Verlagsgruppe, 2006.
- Bernhard Meuser: *Beten – eine Sehnsucht*. Pattloch, 2008.
- Andrew Murray: *Gott begegnen in der Stille*. Herold, 1990.
- Stormie Omartian: *Sieben Gebete, die Ihr Leben verändern*. SCM R.Brockhaus, 2008.
- Leanne Payne: *Auf dich will ich hören*. Gerth Medien, 2004.

Weiterführende Literatur

- Hans Peter Royer: *Nach dem Amen bete weiter.* SCM Hänssler, 2008.
- Heinrich Christian Rust: *Beten. 7 Gründe, warum ich es tue.* Neufeld, 2006.
- Jerry Sittser: *Wenn Gott dein Gebet nicht erhört.* SCM Hänssler, 2005.
- David Winter: *Prayers to go. Kurze Gebete für jede Gelegenheit.* Brunnen, 2009.
- Matt Woodley: *Näher als je zuvor. 11 Wege, Gott neu zu begegnen.* Brendow, 2010.
- Philip Yancey: *Beten.* SCM R.Brockhaus, 2007.

Internet

■ Das Internet bietet viel Inspiration zum Gebet. Die Beispielseiten sollen inspirieren. Sie spiegeln nicht alle die Spiritualität und Überzeugung der Autorin wider.

Gebet allgemein
www.24-7prayer.de (Deutschland)
www.24-7prayer.com (international)
www.amen-online.de/gebet/
www.beten-online.de
www.die-bibel-lebt.de/bibelgebet
www.glaube-und-kirche.de/gebete
www.k-l-j.de/gebete.htm
www.wie-kann-ich-beten.de

Gebet – spezielle Formen
www.familiengebet.de
hoerendes-gebet.axis-web.de
www.katholische-gebete.de.vu
www.taize.fr/de_rubrique49.html
www.vater-unser.de

Spiritualität allgemein
www.lebensreise.info

Dankgebete
www.amen-online.de/gebet/dankgebete/

Internet

Gebete zu bestimmten Tageszeiten
Verschiedene christliche Traditionen haben Gebete entwickelt, um zu bestimmten Tageszeiten im Gespräch mit Gott zu sein.

Morgengebete
www.treklang.de/Morgengebete
www.k-l-j.de/Gebete_Morgen.htm
www.jesus-christus-kirche.de/html/morgengebete

Tischgebete
www.tischgebete.de
www.k-l-j.de/Gebete_Tisch.htm
www.jesus-christus-kirche.de/html/tischgebete

Abendgebete
www.treklang.de/Abendgebete
www.k-l-j.de/Gebete_Abend.htm
www.jesus-christus-kirche.de/html/abendgebete

Die Autorin

Kerstin Hack

Das Gebet gehört zum Glauben wie Kommunikation zu einer guten Beziehung. Kerstin Hack bewegt seit Jahrzehnten die Frage, wie sie tief und gut mit Gott reden kann. Einige Antworten und Anregungen, die sie im Lauf ihres Weges entdeckt hat, hat sie in diesem Buch notiert.

Sie freut sich über Feedback und Kommentare an info@kerstinhack.de

Wer mehr von ihr erfahren möchte, kann sich auf ihrer Internetseite informieren, ihren Blog lesen oder ihr auf Twitter folgen. Oder sie zu Seminaren und Vorträgen einladen.

www.kerstinhack.de
www.kerstinpur.de (Blog)
www.twitter.com/berlintutgut

Der Verlag
Wer hinter diesem Buch steht

Down to Earth Verlag

Der Name des im Jahr 2000 gegründeten Verlags ist Programm. Er bedeutet »Vom Himmel auf die Erde«. Der Verlag will inspirieren und Menschen ganz praktisch beim Leben helfen.

Besonders beliebt sind die Impulshefte und Quadros. Sie fassen Wichtiges zu zentralen Lebensthemen kurz und prägnant zusammen und helfen beim Einüben.

Der Verlag bietet zu vielen Themen, die er publiziert, auch E-Books, Seminare und Workshops an. Damit es nicht bei der Theorie bleibt, sondern das Gelernte auch umgesetzt wird.

www.down-to-earth.de
www.dte-training.de

Notizen
Meine Gedanken und Erfahrungen

Die besten Gebete bestehen mehr aus Seufzern als aus Worten. —John Bunyan

Bei Gott ist kein Ding unmöglich.
—Jesus (Lukas 1,37)

Gebet ist die Tür aus dem Gefängnis deiner Sorge.
—Helmut Gollwitzer

Nach dem Amen bete weiter. —Hans Peter Royer

Du bist traurig, dass dies die letzte Seite ist?
Kein Grund zur Verzweiflung:
Es gibt Licht am Ende des Buches.

schlicht + ergreifend

Leben

Lebensfreude. Energie. Ruhe. Inspiration, das Leben gut zu gestalten. Für alle, die das Leben voll ausschöpfen möchten. ISBN 978-3-86270-534-4

Liebe

Mehr als ein Gefühl. Ein Weg zu leben. Inspiration für Partnerschaft und Mitmenschlichkeit. Für alle, die in der Liebe wachsen wollen. ISBN 978-3-86270-542-9

Freunde

Geteiltes Leben. Nähe. Vertrautheit. Ideen, das Leben fröhlich miteinander zu gestalten. Für alle, die Beziehungen stärken möchten. ISBN 978-3-86270-546-7

Gleich bestellen unter **www.down-to-earth.de**